幼稚園教諭・保育士養成課程準拠

子どもと表現

応答性豊かな保育者になるために

島田由紀子・駒久美子 ● 編著

中央法規

はじめに

　2019（平成31）年から新教育課程がスタートし，保育者養成課程において「領域に関する専門的事項」が新たに設定されました。本書は，保育者養成課程に学ぶ学生が「領域に関する専門的事項」の「子どもと表現」について理解を深め，子どもの表現を支えるために必要な知識や技能等だけではなく，保育者を志す学生自身が日々の生活の中で心動かされる感性と表現する力を育むことの大切さを実感できるよう構成されています。子どもの表現を理解し，その表現を発展させるには，保育者自身が豊かな感性を育み，その資質能力を高めることが必要です。

　編者をはじめ執筆者は，身体・音楽・造形といったそれぞれの専門に軸を置きながらもそのくくりに縛られず，子どもの表現について俯瞰し，複合的かつ総合的に捉える研究者であり教育者です。

　執筆にあたり，どの章から学んでも理解できるよう工夫しています。執筆者それぞれが担当している保育者養成課程の表現に関する授業を再構成するとともに，これまで幼稚園，保育所，幼保連携型認定こども園等に足を運び，子どもの表現する姿を見つめるなかで，見出し，共有したい事例や表現について解説をしています。

　2022（令和4）年6月にこども基本法が成立し，2023（令和5）年4月には「こどもまんなか社会」の実現に向けて，こども家庭庁が創設されました。子どもの最善の利益を考え，誰一人取り残さず，健やかな成長を社会全体で後押ししていくことが示されています。

　「子どもと表現」について理解を深めるとともに，子どもの視点に立って表現することを楽しみ，子どもの表現を支えられるような保育者を目指して本書を活用してください。すべての子どもが表現することを楽しみ，表現することで満たされるための手がかりを探る一助になれば幸いです。

　2025年2月

　　　　　　　　　　　　　　　　　　　　　　　　　　　　　　　編者一同

　本書は，2024年に発行された『子どもと表現―応答性豊かな保育者になるために―』（光生館）に加筆・修正の上，再発行することになりました。

はじめに

序章　子どもの表現を育むために　　1
① 領域に関する専門的事項　　1
② 本書で学ぶこと　　1

第1部　表現の芽生えと出会い

第1章　豊かな感性と表現を育む　　4
① 表現者としての子ども　　4
② 表現を深める多様な経験，体験　　7
③ 多様な表現体験，経験を支える保育者の役割　　10

第2章　子どもの素朴な表現との出会い
　　　　　―発達のプロセス　　13
① 身体表現　　13
② 音楽表現　　18
③ 造形表現　　23

第2部　応答性豊かな保育者になるために

第3章　自分との応答
　　　　　―自分自身の表現を感じる・みる・聴く・楽しむ　　30
① 形と色を探る
　　―形によるイメージ・色によるイメージ　　30
② 触って感じる
　　―つくって遊ぶことで広がる世界　　35
③ 創造的な音楽活動　　38
④ 自分の身体に気づく　　43

第 4 章　素材との応答
　—ものの特性を活かした表現　　　　　　　　48

① 子どもの表現を支える保育者の探究 ………………………… 48
② 素材の形・色・手触りから広がる表現 ……………………… 53

第 5 章　他者との応答
　—人と協働し合う表現　　　　　　　　　58

① 創造的な音楽活動のプロセス
　　—「創造」→「共有」→「展開」　　　58
② 「場」「もの」「人」と協働する表現 ………………………… 63
③ かかわりから芽生える表現 …………………………………… 69

第 6 章　環境との応答
　—空間・場と相互作用した表現　　　　　　74

① 環境の音
　　—サウンドスケープとサウンド・エデュケーション　　　74
② 子どもたちと一緒につくりあげる保育環境
　　—日常の空間を美的空間に　　　79
③ 創造的な音楽活動と環境 ……………………………………… 84

第 7 章　文化との出会い
　—児童文化財，伝承遊び，行事にみる表現　　　　87

① 児童文化とは …………………………………………………… 87
② 伝承遊びを知る・考える・つくる …………………………… 92
③ 絵本や紙芝居，手遊び，折り紙を楽しむ …………………… 95

第 8 章　ICT（情報機器）との出会い
　—表現の多様性を知る　　　　　　　98

① 環境の音とICT
　　—環境の音をサンプリングする　　　98
② 探究と表現のための装置 ……………………………………… 105

参考文献，写真協力 …………………………………………………… 110
索引 ……………………………………………………………………… 111
編者，執筆者一覧

序章 子どもの表現を育むために

1 領域に関する専門的事項

　本書は，保育者養成校で学ぶ学生を対象としたテキストである。主に，「領域に関する専門的事項」のモデルカリキュラム[1]で示されている「幼児と表現」などの授業で活用されることを想定している。モデルカリキュラムに示されているように，本書では，領域表現の学問的な背景や基盤となる考え方を学ぶことを基本とする。幼児教育・保育で，子どもに「何をどのように指導するのか」の「何を」について焦点をあて，各章を構成している。幼稚園教育要領等改訂（定）後，「表現」に関する書籍の多くは「保育内容表現」として，主に子どもの表現を指導するために「どのように指導するのか」が中心であり，各大学の授業では「何を」については，保育者養成課程の科目担当教員の専門性に委ねる場合が多い。

　一方で，子どもの表現は「身体表現」「音楽表現」「造形表現」などと区分されない。しかし，子どもの発達による「表現（表出）」の特性を見極め，保育者が子どもの表現をさらに育むために，その子どもの「表現」に応じた「身体表現」「音楽表現」「造形表現」のいずれかに依拠したアプローチをすることも大切である。そのためには，保育者養成校の学生が，子どもの表現と発達を理解し，「どのように指導するのか」につなげることができるよう，専門的事項について理解する必要がある。

2 本書で学ぶこと

　ひとつのテーマ（章）について，子どもに「何をどのように指導するのか」の「何を」を主軸に置くことで，幼稚園教育要領等のねらい及び内容を基本としながらも，保育者養成課程の科目担当者の専門性（身体・音楽・造形）が活かされるよう，一方で専門性が補えるように構成している。本書を通して子どもの総合的な表現を理解するとともに，「身体表現」「音楽表現」「造形表現」それぞれの視点から学ぶことで，さらに子どもの表現を育むための知識・技能・表現力等を身につけることを目指す。

---

1) 一般社団法人保育教諭養成課程研究会，文部科学省　幼児期の教育内容等深化・充実調査研究　幼稚園教諭の養成の在り方に関する調査研究「平成28年度幼稚園教諭の養成課程のモデルカリキュラムの開発に向けた調査研究―幼稚園教諭の資質能力の視点から養成課程の質保証を考える」2017

本書は2部構成となっている。第Ⅰ部では，子どもの表現を理論的に概説し（第1章，第2章），第Ⅱ部では，実際にそうした子どもの表現を育むためのWorkが中心となっている。保育者は子どもの表現に応答していくことが肝要である。そのため，第Ⅱ部は大きく分けて，6章（第3章から第8章）で構成されており，保育者として必要な豊かな知識・技能・表現力等を身につけることができるよう，応答性をテーマとしてさまざまなWorkを展開している。本書を通して，応答性豊かな保育者として必要な知識・技能・表現力などを身につけられることを心より願っている。✤

第 1 部

表現の芽生えと出会い

第1章 豊かな感性と表現を育む

本章で学ぶこと

生活や遊びのなかで,日々表現している子どもを,保育者はどのように読み取り,受けとめ,育んでいけばよいのだろうか。本章のタイトルである「豊かな感性と表現」は,幼児期の終わりまでに育ってほしい姿のひとつであるが,これはあくまでも方向性であり,到達点ではない。そこで本章では,表現者としての子どもの存在を理解し,保育者の目に映る子どもの行為・行動を「表現」として捉え,子どもの表現を読み取る目と,受けとめ育む心を養い,子ども理解を深めることを目的とする。

1 表現者としての子ども

1 ■ 触って感じて楽しむ子ども

　生活や遊びのなか,子どもたちのまわりにはたくさんのものがあふれている。子どもたちは,それらのものから,さまざまな感触を味わうことができる。そして,ものに自らかかわって感じ取り,それを取り込み新たに表現していく。

　写真はいずれも,ある園の6月の一例である。写真1-1-1は,バットに入った絵具に手をひたし,ハンドペイントを楽しんでいる様子である。ここでは,絵具の感触を両手で感じ,それを紙の上に表している。それだけでなく,絵具のついた手で友だち

写真1-1-1 ●ハンドペイントを楽しむ4歳児

写真1-1-2 ●泥団子づくりを楽しむ5歳児

と手を合わせてみたり，自分自身の両手の甲を合わせてみたりして，通常とは異なる絵具のついた「手」の感触を楽しんでいる。

　写真1-1-2は，泥と水を合わせて泥団子づくりをしている様子である。絵具よりも少し重たい感触となる泥で，いかにきれいに丸めることができるか，さらにはこの泥団子を乾燥させ，磨いてピカピカにするためにはどうしたらよいか，子どもたちは試行錯誤しながら，泥団子づくりに向かっていく。こうした感触を楽しむ「感覚遊び」は子どもの遊びの原点であるが，泥団子づくりでは，感覚遊びだけでない思考力も培われていくのである。

2 ■ 想像して創造する子ども

　遊びの世界を広げていくのは，子どもの想像性にほかならない。保育者は子どもの想像の世界を共有し，その世界を広げる援助をする。写真1-1-3は，ある園の子ども会でお店屋さんとして実施された「スケート屋さん」である。どうしたら滑る様子を，表すことができるか，スケート靴の素材は何にしようかなど，思いを巡らせる子どもに保育者も寄り添い一緒に考えたどり着いたのは，ティッシュボックスと牛乳

写真1-1-3 ● スケート屋さんを楽しむ5歳児

写真1-1-4 ● 貸靴コーナー

写真1-1-5 ● 回るお寿司屋さんをやりたい！

写真1-1-6 ● ベルトを長くしたら回転した！

パックだった。子どもたちはそれらを色とりどりに装飾しヘルメットをつくり，写真1-1-4のように，貸靴，貸ヘルメット置き場を準備した。そうしてオープンしたスケートリンクは，ほかの子どもたちにも大人気で，みんながスケートの世界を楽しんでいた。

　また，あるときは「回るお寿司屋さんをやりたい！」と，どうしたらお寿司が回るか考えた末に，画用紙をつなぎ合わせて寿司をのせるベルトコンベアの部分をつくり，片側に引っ張って動かすことを思いついた（写真1-1-5）。しかし，この方法だと，ベルトコンベアの部分がなくなってしまい，そのたびにベルトを敷き直さなければならない。そこで保育者は再び子どもと一緒に考え，さらにベルト部分を長くして，ベルトが回転できるように台の下にベルトを通すことを提案した（写真1-1-6）。子どもの工夫をさらに発展させて，子どもの想像の世界をさらに広げようと援助していることがわかる。❀

表現を深める多様な経験，体験

1 ■ 園における日々の経験と，その時々の体験

　幼児期に経験したことは，その後の成長に影響すると考えられる。ここでいう体験とは実感することで，その体験の積み重ねが経験となる。幼稚園などでは朝の集まりや帰りの会など集団で生活するうえで，必要な活動が毎日行われている。そのほかにも幼稚園などの保育・教育方針などによって，子どもに身につけてほしい生活経験や遊びの体験が用意され，繰り返し行われている。

　例えば，登園時や昼食時などの挨拶では，社会的な規範や道徳性を身につけることにつながる。また，季節や行事の遊びや歌をうたう体験によって，季節の移り変わりを感じたり，日本の文化に触れたりすることもある。一方で，習慣化された経験よりもその時々に設けられた活動を通じて，「子ども自身の感動や達成感，それをもたらす過程にかかわる友だちや保育者，周囲の環境状況が相互に関連」[1]している体験が子どもの記憶に残ることが報告されている。保育者は，日々繰り返す経験と，その時々に設けられる体験の意図を考え，保育を構想する必要がある。

2 ■ 体験したことを表現する

　幼稚園などでは，行事にかかわることや体験したことを，絵や工作などによって表現することに取り組む。子どもたちが体験した出来事は同じであっても，その体験を通じて感じたことや考えたことはさまざまである。例えばみんなで体験した「いもほり」遠足であっても，一人ひとりの感じ方や考えは異なる。

　ある園の保育者は，そこに着目し，一人ひとりのサツマイモが表現できるように，みんなが採ったサツマイモを並べて，「いもほり」をしたときの様子を振り返る。自分の考えるサツマイモの色がつくれるように，赤と青の絵具を適量の水に溶いてボトルに入れて用意し，子どもたちはそれぞれ，絵具の量を調整しながら色をつくる。赤と青以外の色も，子どもたちの希望によって追加されていく。自分のサツマイモの色で，ひとつのサツマイモを大きく描いたり，連なったサツマイモを描いたり，土に埋まっている様子を描いたり，体験したことから，形と色を使って自分なりの表現を楽しむ。こうして描かれた絵はすべて，保育室の壁に展示される。

1）永田誠・時田純子「子どもの育ちの過程を通した保育における生活体験の意義に関する考察―如水保育園における卒園10年後の子どもの記述を手がかりに」『日本生活体験学習学会誌』第16号，2016，pp.13-23.

写真1-2-1 ●自分のさつまいもの色をつくる

写真1-2-2 ●さつまいもを描く

　この「いもほり」の体験から描画表現，作品の鑑賞という活動によって，みんなが同じ体験をしても，いろいろな感じ方や考え方があること，そして描かれた絵によって自分と友だちとの表現には相違があることを知る。これらの体験が，他者との違いを認め尊重することや，自分の表現を認識することにつながり，それらの経験が自らの表現を深めることにつながっている。

3 ■ 多様な経験ができる環境構成

　多様な経験ができる環境構成のひとつとして，コーナー保育がある。コーナーがつくられている保育室では，子どもたちは自分の好きな遊びを求め，夢中になって遊んでいる。写真1-2-3の保育室では，絵本を読む，電話を使い話をする，お店屋さんごっこに使うお菓子やお金をつくる，魚やカメ，虫の形を切り抜いて色を塗る，空き

写真1-2-3 ●コーナーが用意された保育室

写真1-2-4 ●舞台になったり野球場になったりする

箱を使った工作を楽しむなど，さまざまな遊びを楽しんでいる。

　つくられたコーナーは，子どもの遊びや遊び方によって変容していく。魚やカメ，虫の形を切り抜き，色塗りを楽しんでいた子どもたちは，やがて棒をつくって魚つりを始める。これまで塗り絵や魚つりを楽しんだ経験から思いついたのだろう。また，写真1-2-4の舞台のコーナーでは，はじめはアイドルになりきる子どもを取り囲むように観客となってみんなが応援する様子がみられたが，しばらくするとそれぞれがほかのコーナーへと移動していった。誰もいなくなった舞台のコーナーに，バットに見立てた筒を持った子どもが，丸めた紙をボールにして野球を始めた。その様子を見ていた保育者が，ピッチャー役となって紙のボールを投げることを繰り返していた。すると，ほかの子どもたちが観客席に集まってきて応援しはじめる。

　このように子ども自身によって表現が，展開・変容していくことは，多様な体験や経験に基づくものである。保育者や友だちとのかかわり，そこにあるさまざまなものを介して体験や経験したことから，子ども自身が表現を深めていく。❀

3 多様な表現体験，経験を支える保育者の役割

1 ■ みんなとする体験，経験

　みんなと体験や経験する表現活動とは，友だちと協力してつくったり演じたりすることである。幼稚園教育要領[2]の第1章総則に示されている「幼稚園教育において育みたい資質・能力及び「幼児期の終わりまでに育ってほしい姿」」として，特に「(3) 協同性　友達と関わる中で，互いの思いや考えなどを共有し，共通の目的の実現に向けて，考えたり，工夫したり，協力したりし，充実感をもってやり遂げるようになる」「(10) 豊かな感性と表現　心を動かす出来事などに触れ感性を働かせる中で，様々な素材の特徴や表現の仕方などに気付き，感じたことや考えたことを自分で表現したり，友達同士で表現する過程を楽しんだりし，表現する喜びを味わい，意欲をもつようになる」にかかわると考えられる。

　みんなと体験や経験する表現活動は，グループであるいはクラスで協力しながら展開されていく。4・5歳児のクラスでは，日々の遊びからクラスでの作品づくりや劇遊びなどに展開する様子がみられるようになる。ひとりでの表現遊びをみんなで体験や経験する表現活動へとつなげるためには，保育者の支えが重要になってくる。その支えは，ひとりの子どもの「もっと大きくつくってみたい」というつぶやきに心を寄せることであったり，ごっこ遊びのなかに「お客さんになってみよう」と加わることであったり，「みんなでやってみない？」という全体への誘いかけであったりする。また，子ども同士のやりとりを保育者が支えることで，「みんなと体験や経験する表現活動」が円滑に進んでいく。

　5歳児のあるクラスでは，作品づくりのアイデアの絵やスケジュール，いつ・誰が・どこで・何を担当するか話し合いで決めたことを画用紙に書いて，保育室に掲示していた。子どものアイデアの絵や文字だけでは伝わりにくいところは，保育者がわかりやすく加筆したり整理したりする

写真1-3-1 ● みんなでやぐらづくり

写真1-3-2 ● お店屋さんの準備

2）文部科学省「幼稚園教育要領」2018

ようにしていた。また，子どもの間での話し合いが十分ではないときには，保育者がみんなでつくりたいものや表現したいことを改めて問いかけることで，共通のイメージをもって進められるように配慮していた。子ども同士のかかわりのなかで生じた気持ちやひらめきで表現活動が展開されていくことがあるが，クラス全体で共有し，翌日以降もみんなが期待をもって表現活動を楽しむ気持ちが継続するように，保育者が支えていくことが大切である。

2 ■ みんながする体験，経験

保育者は，どの子どもにも体験や経験してほしいことを，みんながする体験や経験の表現活動として考える。クラスで一斉に活動をする場合や，子どもの様子に応じてあるいは活動の内容によって少人数で体験や経験する場合が考えられる。

ある園の4歳児のカタツムリづくりでは，クラスの子どもたちに，保育者が紙を折る・丸めるといった基本的な加工方

写真1-3-3 ● みんなでカタツムリのお散歩

法やはさみの使い方などを伝え，子どもたちは色の組み合わせを考えながら，カタツムリをつくっていた。つくり終わると，保育者が廊下に準備したあじさいの壁面の「カタツムリの道」に，自分のつくったカタツムリを手に一列になってお散歩を楽しむ。「カタツムリの道」の曲線を，カタツムリが滑ることの心地よさ，友だちと一列で歩く「みんなと一緒」といううれしさもあり，何度も何度も列に並ぶ。友だちと楽しんでいるなかで，ほかの友だちのカタツムリの色を見て，自分もその色でつくってみたいと再び保育室でカタツムリをつくる姿もみられる。子どもたちが壁面を使った遊びに満足する様子を見た保育者は，「園庭に，つくったカタツムリをもって探検しに行こう」と声をかける。子どもたちは次々に園庭に出て，思い思いの場所でカタツムリを手に遊び始める。

一斉に活動することによって，紙の技法や道具を安全に使うことをどの子どもも体験や経験することができるよう配慮する一方で，カタツムリの色の組み合わせや動かし方などでは，それぞれの表現が楽しめるように工夫している。また，カタツムリをもって園庭で思い思いに遊ぶことで，子ども自身が遊び方を考えたり子どもの間で伝え合ったりすることなど，見通しをもった表現活動が考えられている。

また，好きな遊びの時間に，みんなが表現活動を体験や経験できるよう工夫するこ

ともある。保育者が楽しそうにつくっている様子を見て，自分もつくってみたいと子どもたちが集まってきたり，保育者に誘われてやってみたいと思う気持ちになったりするなど，子どもの体験や経験してみたい気持ちに，働きかける様子がみられる。

　表現にかかわる体験や経験を重ねることで，素材の特徴や道具の使い方を知り，自分の考える表現を実現することが可能となる。保育者は子どもの発達，興味や関心，そして表現したい気持ちに沿った，多様な表現の体験や経験の機会を設けることが求められている。✤

第2章 子どもの素朴な表現との出会い
―発達のプロセス

> **本章で学ぶこと**
>
> 子どもは生まれながらに表現者である。その表現が年齢とともに、どのように変容していくのかを理解するためには、発達の側面から表現を捉える必要がある。本章では、0歳から小学校低学年までの身体的な発達、音楽的な発達、造形的な発達について学びを深めることをねらいとしている。もちろん、子どもの表現は総合的であり、このように身体表現、音楽表現、造形表現と区分されるものではないことはいうまでもないが、発達のプロセスをみるひとつの指標として捉え、子どもの素朴な表現を読み取り、支える保育者としての基礎的な理解を深めていく。

1 身体表現

1 ■ 保育者に必要な表現力

　みんなで歌やダンスなどの表現活動をしているなかで、参加しない子どももいる。その子どもは果たして「表現」をしていないのだろうか。決してそのようなことはない。確かにみんなと同じように参加して「うたう」「踊る」活動はしていないが、「うたわない」「踊らない」という意思はしっかり表現できているのである。参加しない理由として「嫌いな歌なのかもしれない」「みんなの歌声（踊る様子）を集中して聴きたいのかもしれない」「流れてくる曲を聴きながらきれいな青空を見ていたいのかもしれない」など、保育者としてその子どもの内面に思いを巡らせて想像してほしい。「参加しない」という表現に至るまでに、その子どものなかではさまざまな心の動きがあったはずだからである。

　このように、保育者にとっての「表現力」には、絵を描く、ピアノを弾くといった「出力」のみならず、子どもの生理的・心理的・身体的現象としての表出・表現を見取る、見抜くという「入力」こそが不可欠なものであるといえよう。

2 ■ 発達段階別にみるさまざまな身体表現

　ここでは、おとなからの「直接的な身体表現遊びへのいざない」によらない、子ど

もから自然に生まれた表現をみてみよう。

写真2-1-1は，1歳児の音楽に合わせて踊る様子である。体育館で大学生による〈よさこい踊り〉が始まると，身体を弾ませながら両腕を前後に振る動きを始めた。前奏で大学生はポーズをとったまま，まだ踊り出していなかったことから，この子どもは大学生の動きを模倣したのではなく，自ら音楽に合わせて踊っていたことになる。誰からも促されることなく，また，おそらく，本人は「踊ろう」という意思や「誰かに何

写真2-1-1 ● 1歳児によるダンス

写真2-1-2 ● 2歳児と4歳児によるおとなの模倣

かを伝えよう」という思いのもとに踊ったのではなく，ただ「身体が勝手に動いた」かのようであった。乳幼児向けの音楽ではなくても，軽快なリズムや心地よいメロディ，そして安心な空間があれば，自然に心が躍り出し，それに伴い身体も踊り出す（表2-1-1「おおむね1歳3か月〜2歳未満」を参照）。

写真2-1-2は，2歳児と4歳児の模倣の様子である。体育室で子どもたちが思い思いに好きな遊びをしている最中，コミカルな音楽とともにおとなたちがダンスの練習を始めたところ，2人が走り寄ってきて，夢中に真似をして踊り始めた。2歳児は，おとなや4歳児のように両腕は上がってはいないものの，視線は明らかに踊っているおとなに向けられ，膝でリズムを取っていた。外面的な動きとして明らかな模倣の表出は確認できなくとも，内面ではしっかりと直接模倣しているように見てとれる。とかく模倣というと外面的な「かたち」にのみ着目しがちだが，「なんとなくの感じ・雰囲気・リズム・呼吸」の模倣というものも見逃したくない。

写真2-1-3は，3歳児の模倣の様子である。公園にある水力の弱い噴水の前で，楽しそうに踊っている。勢いのある噴水とは違い，ちょぼちょぼと出てくる水が，かわいらしくリズミカルに左右に揺れていることに興味をもち，身体を左右に揺らしながら表現していた。もしもお

写真2-1-3 ● 3歳児による噴水の模倣

となの誘導による「『噴水になろう，プシュー』と言いながら勢いよくジャンプする」という真似っこ遊びしかしていなかったとしたら，「噴水＝ジャンプ」という記号的表現の経験しかできないであろう（もちろん，それ自体は楽しい遊びである）。しかしここで，

写真2-1-4 ●4歳児による花の模倣

「自分なりの表現」という観点からみたときに，まさに子どもが「自分の目で見た，自分にとっての噴水」の表現（表2-1-1「おおむね3歳」を参照）が，このように誰からも促されることなく生み出されたことは，注目に値する。このような子どもの表現に敏感に気づき，受けとめ，感心することも保育者にとって必要な表現力のひとつといえる。

写真2-1-4は，4歳児の模倣の様子である。口をすぼめて「にらめっこ」でもしているのかと思いきや，なんと口だけでパンジーの模様を模倣しているのである（表2-1-1「おおむね4歳」を参照）。西[1]によると，4・5歳児に「花」の表現を促した際に「手首をあわせ指先を開く」割合が4歳児で70％あったが，実際に触れたり匂いを嗅いだりしたあとでは，その定型表現が減少し，オリジナル表現が増えたという。

今回の例では，おとな（筆者）が「パンジー，パンジー，チンパンジー」と言いながらサルの真似をしながら，ふざけたことをきっかけに，パンジーをテーマとした「一発芸合戦」になった末，4歳児がこの独創的な表現に辿り着いた。その背景には「何かヒントがないだろうか」とパンジーをじっくり観察したということがある。

表現発現の過程を分析してみると，〈パンジーの存在に気づく（子ども）→「パンジー」を題材にした言葉遊び（おとな）→ 言葉遊びに合わせた動き・表現の発現（おとな）→ 一発芸の応酬とエスカレート（子どもとおとな）→ 模様に着目するに至るほどの根気よい観察（子ども）→ 口による模倣（子ども）〉となる。

このように「多様な表現を引き出す」というねらいがなくとも，子どもが気にとめたささいな物事に対して，おとながただ受けとめるだけでなく，ときには意識的にふざけ合うことで，その子ども独自の表現を結果的に導き出すことにつながることもある。この子どもはおそらく，「この花を表現したい」と強く思ったわけではなく，おとなとの一発芸対決に夢中になっており，それを「もっとしたい」という気持ちから，対象物への熱心な観察と，それを基にした表現を行ったのである。

1）日本学術会議文化人類学・民俗学研究連絡委員会編『舞踊と身体表現』，第2部 西洋子「子どものからだの表現」財団法人日本学術協力財団，2005，pp.125-128.

子どもの表現を引き出すための一手法として，保育者自身が「表現」ということに捉われすぎずに，「子どもとのコミュニケーションを逐一おもしろがる」というのも強く勧めたい。❀

表2-1-1　各発達段階における身体表現遊び

年齢	発達の様子	身体表現遊び
おおむね6か月未満	・他者の表情変化に反応し，泣く，笑う，喃語などで感情を表現できる。 ・手足が活発に動く。 ・寝返り，腹這いなど全身の動きが活発になる。	・「ほっぺつんつん」「いないいないばあ」などの身近なおとなのスキンシップ・コミュニケーション遊び。 ・身近なおとなのほほえみ返し，喃語のキャッチボール。
おおむね6か月〜1歳3か月未満	・座る，這う，つかまり立ちができる。 ・簡単な動きを模倣できる。 ・移動し，ものをつかんで振る。	・姿勢の変化や移動，表情や手の動きなどの模倣遊び。 ・動きと音の連動が楽しめる楽器遊び。
おおむね1歳3か月〜2歳未満	・歩く，押す，つまむなどができる。 ・簡単な言葉が理解できる。 ・指差し，身振りなどで意思を伝える。 ・玩具などを実物に見立てる。	・オノマトペをともなう簡単な動作の模倣遊び。 ・イメージしたものの模倣遊び。 ・音楽に合わせて身体を自由に動かす。振りつけではなくリズムにのるダンス。
おおむね2歳	・走る，跳ぶなど大きな動作ができる。 ・意思や欲求を言葉で表出できる。 ・物事の間の共通性を見出すこと，名前ともの・人の関係が理解できる。	・跳ぶ動きが多く含まれているリズムダンス。 ・風，電車など移動をメインとした模倣遊び。 ・おとなと一緒に手遊び・ごっこ遊び。
おおむね3歳	・片足立ち，両足で跳ぶ，転がる，ぶら下がるなど，基本的な動作が一通りできる。 ・表象機能や観察力が高くなる。	・絵本などの物語の登場人物になりきるごっこ遊び。関連する曲を流して，より大きな動きへ。 ・おとなが動かす新聞紙などの生き物ではないものになりきる。
おおむね4歳	・スキップや前転，側転のような躍動感のある動き，バランス能力が高くなる。 ・目的をもって行動する。 ・感情が豊かになる。社会性を身につける。がまんができる。 ・「〜しながら」の2動作ができる。	・感じたことや考えたことを動きで表す。 ・「〜のように歩く（走る，跳ぶ）」などさまざまなイメージの動き。 ・友だちと協力して，動物や乗り物などになりきる遊び。 ・ジェスチャーゲーム。

おおむね5歳	・おとなが行う動きのほとんどができる。 ・身体全体を協応させた複雑な動きができる。 ・言葉による伝達やルールの理解，言葉を主体とした遊びができる。 ・仲間意識の芽生え，人の役に立つとうれしい。	・おもしろ表現カード（第5章Work5参照）で，あえて合わない言葉を組み合わせて表現する（例：「ねばねばの」＋「お布団」）。 ・短い歌の歌詞から振りつけを自分たちで考え，1曲仕上げる。 ・自分たちで役割分担して，ひとつのテーマ（ワンシーン）を表現する。 ・絵本のストーリー展開に応じたなりきり遊び。
おおむね6歳	・全身運動が滑らかで巧みになり，全力で走り，跳躍する。 ・自信や，予想や見通しを立てる力が育ち，意欲が旺盛になる。 ・思考力，認識力，相手の気持ちを考える力が高くなる。	・走って，止まって，跳んで回るなど，連続した動きを含む忍者や台風になりきる。 ・役割がより複雑なごっこ遊び。 ・ストーリー自体を自分たちで協力して考えて演じきる。 ・おもしろ表現カードを無作為に数枚引き，それらを登場させ，あわせて関係づけたワンシーンを友だちと協力して創作する（例：「キリン」「東京タワー」「新幹線」）。
小学校低学年	・心肺機能も高くなり，長時間リズムにのって弾んだり，走り回ったりできる。 ・対象物の特徴をとらえ，またその機能を理解できる。	・軽快なリズムの音楽にのって，みんなで調子を合わせて楽しく踊る。振りつけを覚えるのではなく，即興的に踊る。 ・身近な動物や乗り物などの特徴をとらえ，そのものになりきってオーバーに表現する。

資料：厚生労働省「保育所保育指針解説」2018，高野牧子編著『うきうきわくわく身体表現遊び』同文書院，2015より筆者作成

音楽表現

1 ■ 音楽的な発達の複雑性

　音楽的な発達を明確に定義することは，極めてむずかしい。なぜなら，「音楽」や「発達」の概念自体が広範であり，解釈が多様であるからだ。例えば，音楽を「作品」ではなく「行為」として捉えるミュージッキングという概念も，音楽とその発達について考えるうえで新たな視点をもたらすだろう。「音楽＝作品」ならば，音楽的な発達は「作品（楽曲）を再現する技術を習得する過程」となるが，「音楽＝行為」ならば，音楽的な発達は「音とのかかわりの生涯にわたる変容」となる。保育者として，子どもの主体的・自発的な遊びを見取り，豊かな感性や表現や創造性を尊重するうえでは，後者の音楽的な発達観が望ましい。

2 ■ スワンウィックとティルマンの音楽的な発達の理論

　ここでは，音楽的な発達に関するひとつの理論として，スワンウィック（Swanwick, K.）とティルマン（Tillman, J.）のものを紹介する。彼らの研究は決して新しいものではなく，現在における妥当性には検討の余地がある。しかし，彼らの研究は，子どもの「音楽を組み立てる行為」を対象としており，その様相から学ぶ姿勢が特徴である。ここでの「音楽を組み立てる行為」の定義は非常に幅広く，長さやまとまりは多岐にわたり，楽譜の有無は問わない。即興や音楽づくりもここではすべて「音楽を組み立てる行為」に含まれる。

　「音楽を組み立てる行為」は，保育者として見取るべき音楽的な遊びと類似している。彼らは，音楽的な発達というものを考察する際に，子どもの自発的な遊びを通して，子どもがどのように遊ぶのかを見取ろうとしたことがわかる。この視点は今日のわが国の保育においても意義深い。理論をものさしとして「○○ができている」と子どもの姿をあてはめるのではなく，理論は子どもの発達の過程を見るひとつの指標とし，子どもがどのように遊んでいるのかを見取ることを重要視しなくてはならない。

（1）　遊びと音楽的な活動の関係

　スワンウィックとティルマンの研究は，ピアジェ（Piaget, J.）などの心理学的な概念を論拠とした。つまり，人間にとっての遊びを，音楽的な活動と本質的に結びつけて考えたのである。彼らは，心理学的な概念と音楽的な要素を結びつけ，関係を示した（図2-2-1）。この研究においては，音楽的な遊びは，「マスタリー（支配）：音

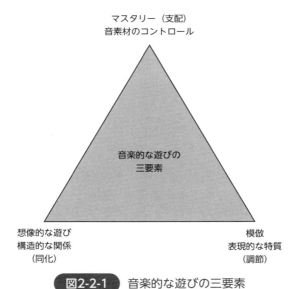

図2-2-1　音楽的な遊びの三要素

資料：Swanwick, K. & Tillman, J., 坪能由紀子訳「音楽的発達の系統性―子どもの作品研究1」『季刊音楽教育研究』第32巻第4号，1989，p.149より一部改変

素材のコントロール」「模倣：表現的な特質」「想像的な遊び：構造的な関係」という順序で変容するとされている。これは，後に紹介する音楽的な発達の螺旋状モデル（図2-2-2）の前提となっている。

❶ マスタリー（支配）

　ピアジェは，子どもの遊びにおいて，身の回りの環境を探究し，「支配」する純粋な喜びがあることを指摘した。音楽的な遊びにおける「支配」を例示すると，声の反復，身近なものを叩く行為などがあげられる。これらの行為は，音をコントロールするという意味で，ピアジェのいうところの「支配」である。聴こえた音に興味を示し，音を出そうとすることもあれば，たまたまいじっていたものから偶発的に生じた音に興味を示し，もっと出そうとすることも考えられる。いわば，身近な環境とのかかわりが「支配」のきっかけとなる。しかし，これらの「支配」は，音そのものが個人にとって本質的に興味深いものであることが前提となる。興味をもったからこそ，その音に対するコントロールを実感することが，その子どもにとっての楽しみとなり，純粋な喜びを感じられるのである。これは，「支配したい」という欲求が満たされるだけではなく，自分自身の力や技術を実感することにもつながる。

　以上を踏まえると，音楽的な遊びを促進するには，子どもが音に興味をもつことのできる環境構成や，楽しみながら音をコントロールできるような環境構成の必要性が考えられる。

❷ 模倣

　ここでの「模倣」とは子どもが身の回りのものに自分を似せる行為であり，物事に自分を従えることである。例えば，ごっこ遊びもこのひとつである。音楽的な遊びにおける「模倣」としては，耳にしたものの真似があげられる。ここでの真似は，そっくりそのまま真似る場合に限らず，特定の要素（図2-2-1における表現的な特質）を真似する場合もある。例えば，ペットボトルを叩いて遊んでいた子どもが時計の秒針の音に影響を受け，叩く速さに変化が生じるなどが考えられる。「模倣」する子どもの姿には，音そのものに興味をもち，「支配」する過程を楽しんでいたという前提がある。音に興味をもっていたからこそ，自分が「支配」している音以外にも関心が広がり，真似るようになるのではないだろうか。ここまでを踏まえると，「支配」と「模倣」を通して子どもは音を探究し，遊んでいる。

❸ 想像的な遊び

　「模倣」は，物事に自分を従えたが，「想像的な遊び」では自分の活動に物事を従える。例えば，お姫様になりきっている子どもにとっては，1枚の布も立派なドレスとなる。「支配」と「模倣」は，子どもが興味をもっている物事そのものとの現実的なかかわりであった。これに対して「想像的な遊び」では，ファンタジーの要素が加わる。音楽的な遊びにおける「想像的な遊び」では，個人の想像力によって新たな世界が創造される。例えば，ペットボトルを叩く音から，友だちの足音を思い浮かべる子どももいれば，お気に入りのキャラクターの世界観を想像する子どももいるだろう。音そのものの探究，操作に加え，自分で意味を構築する過程が「想像的な遊び」である。

　ここまで，音楽的な遊びの過程として，音に興味をもった子どもが，音そのものを探究し，操作して遊ぶなかで自分以外が発した音を真似し，自分なりに音に意味を付与するようになる過程を紹介した。特定の技術に関して「○○ができるようになる」という過程ではなく，音に対して自分で意味を構築していく過程が発達として論じられており，表現の主観性の尊重という面でも極めて重要な過程である。これらは，子どもに限ったものではなく，音楽とかかわるおとなにもあてはまる。このように音とかかわる過程は，保育で重要視されている「主体的・自発的な遊び」や，それを促進するような「環境を通した保育」とも密接にかかわる理論である。

　「支配」「模倣」「想像的な遊び」を経て，およそ15歳以降では，「メタ認知」という段階に足を踏み入れる。これらの過程を前提とし，子どもの音楽的な発達の過程を8段階で体系的に図式化したものが螺旋状モデルである（図2-2-2）。

（2）　音楽的な発達の螺旋状モデル

　スワンウィックらは，図2-2-1で示したような音楽的な遊びの理論に基づき，図

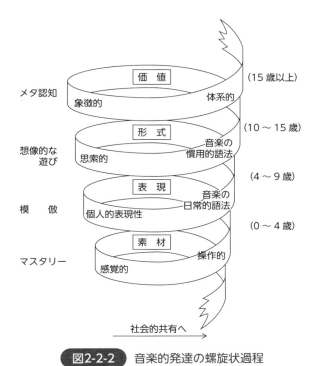

図2-2-2 音楽的発達の螺旋状過程

資料：キース・スワンウィック，野波健彦・石井信生・吉富功修・竹井成美・長島真人訳『音楽と心と教育―新しい音楽教育の理論的指標』音楽之友社，1992，p.109.

2-2-2の螺旋状モデルを作成した。螺旋状モデルは，音楽的な発達の過程が循環的で累積的であることを示し，個人的側面と社会的側面の往来を表している。研究の対象となったのは，3歳から15歳の子どもの「音楽を組み立てる行為」である。主にひとつの学校での実践を基にしたため，発達的な変化がどの時期に起こるかという基準を設定したり，結果をすべての子どもにあてはめたりすることはむずかしい。研究者自身も，このモデルにさらに発展の可能性があることを示唆している。

ここまで，スワンウィックとティルマンの音楽的な発達の理論について，音楽的な遊びの3つの過程と，音楽的な発達の螺旋状モデルを中心に紹介を行った。保育について考えるなかで，ひとつの指標として参照すると，自分の価値観（保育観や音楽観）を自覚する一助となったり，子どもの行為に新たな意味を見出したりすることにつながるのではないだろうか。音とのかかわりに対する個別の発達や認識を考慮に入れた保育のヒントとなり得る。

彼らが研究の対象としたのは，「音楽を組み立てる行為」であり，おとなが一方的に課題を与える遊びや，作品の再現のような特定の技術に特化した遊びではない。そのため，理論のなかで述べられている音楽的な遊びは，創作的な遊びのなかで促進されたものである。以上を踏まえると，今日のわが国の保育においても，音楽的な遊び

について，自発性や創造性を尊重するのであれば，子どもがさまざまな音に出逢える環境構成を行うこと，遊んでいる子どもに対して適切な言葉かけを行うなどの工夫が必要である。

　また，環境も音楽的な発達に影響を与える。例えば，子どもが音楽に対して文化特有の反応を示すようになることを示唆する研究や[2]，繰り返しの接触が嗜好性に影響を与えることを示す研究[3]もあり，個人の音楽的な表現，価値観は環境から少なからず影響を受けることが考えられる。いかなる環境，段階においても，子どもたちが自分なりの探究や思索を行えるように，子どもの自発的・主体的な遊びから表現を見取り，次なる環境構成などにつなげたい。✿

2）Trehub, S. E. & Hannon, E. E., Infant music perception: Domain-general or domain-specific mechanisms?, *Cognition,* Volume100, Issue1, 2006, pp.73-99.

3）Trainor, L. J., & Heinmiller, B. M., The development of evaluative responses to music: Infants prefer to listen to consonance over dissonance, *Infant Behavior & Development,* Volume21, Issue1, 1998, pp.77-88.

3 造形表現

　かつて子どもの絵は，稚拙で何を描いているのか理解できないものとして考えられていた。しかし現在では，子どもの絵は偶然性や試行錯誤の要素を含みながら，本質を捉えるものとして研究が進んでいる。保育に携わる学生には「上手」に仕上がった作品を目指すよりも，子ども時代に見られるみずみずしい感性や創造性を認め，励まし，伸ばすことを大切にしてもらいたい。そのためにはまず，子どもの発達と子どもが描く絵やつくる形について，知っておく必要がある。保育者にとって子どもの発達を理解することは，子どもの状態を理解するための手がかりとなるからである。

　造形表現における発達を理解するための手がかりとして，発達段階がある。発達段階とは「時間経過に伴って生じる変化を非連続的なものとして捉え，質的に異なる特徴や性質が安定して持続する期間を仮定するもの」と定義されている。

1 ■ スクリブル期

　「錯画期」ともいわれ，子どもがクレヨンなど描画材をにぎって紙などに擦りつけ

写真2-3-1 ●叩きつけ：1歳4か月

写真2-3-2 ●振幅：1歳7か月

写真2-3-3 ●回転：1歳7か月

写真2-3-4 ●迷走：2歳6か月

たとき，偶然できた痕跡をおもしろがり何度も繰り返し遊ぶ期間をいう。肩関節を軸に上下運動「叩きつけ」（写真2-3-1）から，肘関節を軸にした「振幅」（写真2-3-2），肩と肘を動かすことによる「回転」（写真2-3-3），そして肩と肘，手首の関節を軸にいろいろな方向に向かって描くことができるようになる「迷走」（写真2-3-4）が表出される。この時期，子どもの関心は表出された結果にはなく，表出行為自体にある。

2 ■ 前図式期

　描画材を握って，始点と終点を一致させたり，始めと終わりがある線が描けるようになったりする2歳頃は，手の動きと目の動きが連動する高度な力が育つ。言葉は，1語文だけでなく2語文や多語文を使えるようになるので，イメージと丸や線を重ね合わせることができると考えられる。

　「丸と線」（写真2-3-5）は，ものの輪郭をイメージできるようになり「顔らしきもの」（写真2-3-6）と「おかあさん」など，名前と絵を結びつけるようになる。なぜ顔のなかで，目と口が最初に描かれるのか疑問に思うかもしれない。それは目の特徴である丸み，目玉の動き，光の反射，そして口の特徴である唇の赤みや形の変化，音

写真2-3-5 ● 丸と線：4歳4か月

写真2-3-6 ● 顔らしきもの：3歳7か月

写真2-3-7 ● 頭足人：3歳

写真2-3-8 ● 頭足人：3歳5か月

写真2-3-9 ● 頭胴足人：4歳4か月

写真2-3-10 ● 頭胴足人：4歳

が発せられることに，強い印象をもつからであると考えられる。

　また，世界中どのような民族も，子どもが初めておとなにもわかる画を描き出したときに人間を描くとされる「頭足人」（写真2-3-7）は，人の顔から手や足が生えている。「頭足人」（写真2-3-8）にみられるような胴体を除いて手足を描くのは，手も足も大きな動きで記憶や印象に残りやすいからである。加えて子ども自身の手足が機能してくるためとも考えられる。胴体は手足ほど大きな動きはみられないので，最後に認識されて描かれることが多い。このことから，子どもは目に見えるものを描き写そうとしているのではなく，心に感じているものを表現しているということがわかる。

3 ■ 発達段階と子どものつくる形

　子どものつくる形の変化を，粘土による造形活動を通してみていく。粘土は「にぎる，つまむ，ちぎる，まるめる，のばす」など容易に形を変えることができる。粘土をつなぎ合わせたいときも接着剤などはいらないので，満足いく形にならなくてもすぐに何度でもつくり直すことができる。このような粘土の特性を「可塑性」という。子どもの欲求をほぼすべて受容できる素材なので，幼児期に最も適した教材といえる。

　保育現場では平面に比べ立体造形の機会が少ない状況である。加えて天然の土粘土で遊ぶ機会はほとんどないので，「できれば天然粘土で遊ばせたい」という現場のニーズに応え筆者は「粘土遊び教室」を実施した。3・4・5歳児に共通した形と年齢による差異について明らかにすることができたので，表2-3-1に紹介する。

　子どもは，年齢とともに具体的なイメージをもち，立体の構造を考えられるようになる。また，サイズが大きくなるとともに細部まで意識してつくるように発達する。

　ローウェンフェルド（Lowenfeld, V.）[4]は，主に視覚によってものを客観的に認識しようとする「視覚型」と，主に触覚によってものを主観的に認識しようとする「触覚型」の2つのアプローチタイプがあるとしている。そしてローウェンフェルドは，幼児期は身体感覚を媒体として物事を主観的に認識しようとする「触覚型」の時期にあたるとしており，前述したように粘土は幼児期に適した素材であることは一致している。

　幼稚園のホール（広い室内）などで粘土遊びの場を設定すると，子どもは体全体を使い粘土と戯れる。手だけではなく足も使って粘土と触れ合うことで喜びを感じている姿は，人間が本能的に土を好む生き物であることを思い出させてくれる。思い切り粘土遊びをしたあと，子どもは本当に晴れ晴れとした表情になる。✿

| 表2-3-1 | 3・4・5歳児がつくる形の発達段階 |

	3歳児	4歳児	5歳児
粘土踏み			
	粘土の上に乗り変形させる。手で押す力が弱い子ども，3歳児は筋力が未発達なので，全体重を乗せたほうが変形させやすい。		
ロールづくり			
	ロール状に巻く。3歳児はまだ道具に関心をもたない。4歳児はひとりで，5歳児は友だちと協力しながら道具を使ってロール状にした粘土を加工する。		
穴あけ			
	指で穴を開ける。3歳児は穴を開ける行為そのものを楽しむ。4・5歳児は凹部にちょうどあてはまるように丸めた粘土を置いて楽しむ。		
ひもづくり			
	3歳児はひもを繰り返しつなげる行為を楽しみ，4歳児は恐竜，5歳児はとぐろを巻く蛇と，次第に具象的な表現がみられるようになる。		
おだんご			
	3歳児はつくったおだんごを横に置いてつなげていく行為を楽しんでいる。4歳児は積み上げ，5歳児はお月見のお供えをイメージした整った形にしている。		

	3歳児	4歳児	5歳児
おうちほか			
	3歳児は見立て呟きながら（おうち），4歳児は家にあるものを思い出しながら（ウサギの家），5歳児は完成をイメージしながらつくって組み立てる（鳥）。		
人形			
	3歳児は点と線で目鼻を表し動物を，4歳児はパーツをつくって組み立て，5歳児は耳に芯材を入れて組み立てる。		

4）ローウェンフェルド（Lowenfeld, V.）は美術教育学の第一人者。人が物について認識するとき，主に視覚を通して客観的に認識する「視覚型」と，主に触覚を通して主観的に認識する「触覚型」があると提唱した。発達の過程において，特に幼児期は「触覚型」が優位であると述べている。主な著書に，竹内清・堀之内敏・武井勝雄訳『美術による人間形成』黎明書房，1963がある。

第 2 部

応答性豊かな
保育者になるために

第3章 自分との応答
―自分自身の表現を感じる・みる・聴く・楽しむ

> **本章で学ぶこと**
>
> 自分自身の表現を感じる・みる・聴く・楽しむことは，自分の表現を実現することであり自分らしく生きることである。
> 本章では，自分と対峙し自ら発する思いや考えを受けとめ，自分なりの表現を示すにふさわしい素材や方法を探ること，素材から自分の表現にふさわしい方法を探ることを学ぶ。自分自身の表現を感じる・みる・聴く・楽しむことは，他者の表現を理解したり共感したりすることにつながる。そして他者の表現を認めることで，自分の表現を再確認し，さらに自分自身の表現が広がるよう学びを深める。

1 形と色を探る －形によるイメージ・色によるイメージ

　形や色と感情には深いかかわりがある。丸い形からは「おだやかな」，尖った形からは「刺激的な」，底辺が長い形からは「安定した」印象をもたらす。赤や橙などの暖色系の色からは，暑さや熱さ，暖かさ，青や水色の寒色系には涼しさが感じられる。幼稚園などでは室内の色や壁面の装飾は，子どもたちが安定した気持ちで過ごすことができるよう配慮されている。ここでは，形や色の基本的な知識を押さえながら，形や色とそのイメージについて探り，表現につなげることを試みる。

Work 1　三角・丸・四角から連想してみよう

各形の連想時間は1分間とする。各形について「連想したもの」「連想した数」を整理してみよう。

① もっとも多く連想することができた形はどの形だろうか。
② どのようなジャンル（食べ物，生活用品など）を連想しただろうか。
③ 3つの形から連想したものの特徴や共通性について考えてみよう。

子どもはどのような連想をするだろうか。4・5歳児を対象にした調査[1]では，3つの形のなかで丸が連想数，バリエーションともにもっとも多いこと，形から連想するとき生活にかかわるものや食べ物が多いことが報告されている。形ごとの代表的な連想は，三角が，おにぎり，おやま，サンドイッチなど，丸が，ボール，りんご，時計，スイカ，みかんなど，四角が，紙，箱，豆腐，ドアなどであった。

Work2　色から連想しよう

赤・青・黄・緑・ピンク・黒の色から，ものや感情を連想してみよう。それぞれの色について「連想したもの」「連想した数」を整理してみよう。
もっとも多く連想することができた色は，何色だろうか。
　①　どのようなジャンル（食べ物や生活用品，感情など）を連想しただろうか。
　②　それぞれの色から連想したものの特徴や共通性を考えてみよう。

　4・5歳児を対象にした類似の色彩調査[2]によると，赤は「リンゴ」の連想が最も多く，「イチゴ」が続く。「パトカーのピカピカ」というユニークな連想もあった。緑は「葉っぱ」「メロン」，黄は「レモン」「バナナ」のほか，「レモンのしゅわしゅわのジュース」という具体的な場面と結びつけた連想もみられた。青は「空」「海」の連想が多い。ピンクは「モモ」「イチゴ」の連想が多いが，連想数が少ない。子どもは，色と食べ物や身近なもの，出来事と結びつけていて，それはおとなにも共通する結びつきだと考えられる。

　自分の思いを言葉や文字で表現することが容易ではない子どもだけではなく，おとなにとっても色はイメージを人と共有したり，表現したりするための有効なツールであると考えられる。一方で他者とは異なる連想があったとき，それが独創的な発想や創造性につながることが期待できる。

1）島田由紀子・大神優子「図形提示による子どもの連想—4・5歳児クラスを対象に」『美術教育学』34巻，2013，pp.231-242.
2）島田由紀子・大神優子「色名からの子どもの連想語」『日本色彩学会誌』第36巻，2012，pp.64-65.

Work 3　形に絵を描いてみよう

形に点や線を加えて絵にしてみよう。色が塗ってある形や線に，色がついた形を描いても楽しい。白い画用紙に絵を描くことが苦手でも，すでに形が描かれている紙だと，形から見立てたり，色から連想したりすることによって描きやすくなる。

写真3-1-1は，5歳児が三角，丸，四角から見立て，線描を描き加えた描画である。三角で「おにぎり」，四角で「犬」のほか，2つの三角で「鬼」，2つの丸で「音楽デッキ」「船」，三角と丸で「ロケット」などを描き表している。形を組み合わせたり点を打ったりするだけでも，伝わりやすい描画となったり，白い画用紙に描くときにはみられない思いがけないアイデアを表現することにもつながっている。

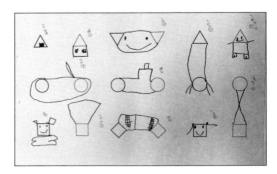

写真3-1-1 ● 図形からの見立て（5歳児）

Work 4　三角・丸・四角の形を音やリズムで表現してみよう

次の形と色を音で表現してみよう。

① 形や色によって，音を表す素材（机・新聞紙など）や音を表すための行為（叩き方・破き方など）には，どのような相違や変化があるだろうか。
② 形や色の並び方によって，音の表現はどのように変化しただろうか。
③ 自分と他者とでは，どのような表現の相違があっただろうか。

形や色からのイメージ，大きさ，視覚的に感じる動きに着目して音やリズムで表現したり，余白を「間」で表したりする場合もあるだろう。形や色に応じた音を表現するために，身体の動きや呼吸も大きくなったり小さくなったりすることに気づく。自

分の表現を鏡に向かって，あるいは動画に撮ってみることで，形や色を音やリズムで表現することと身体の動きが連動していることが確認できる。

Step up 1　自分史絵本をつくろう

形と色を使って，自分の過去・現在・未来を表現してみよう。

用意するもの　四つ切の画用紙，トーナルカラー，セロハンテープ

絵本の作り方

① 画用紙を横長に2分割する。

② 横長に並べてセロハンテープでとめる（画用紙は重ねない）。

③ 紙を8等分に蛇腹（山折り・谷折りを繰り返す）に折る。

表面	8年前 ○歳	7年前 ○歳	6年前 ○歳	5年前 ○歳	4年前 ○歳	3年前 ○歳	2年前 ○歳	1年前 ○歳
裏面	現在 ○歳	1年後 ○歳	2年後 ○歳	3年後 ○歳	4年後 ○歳	5年後 ○歳	6年後 ○歳	表紙

裏返すと

方法

各ページにトーナルカラーで自分の過去・現在・未来を表現する。
その年齢を象徴する出来事や気持ちを形や色で表し，感情との結びつきについて考える。

写真3-1-2 ●学生の作品

① 形と色を探る―形によるイメージ・色によるイメージ

写真3-1-2は，未来の自分を形と色で表現した作品である。どのような意図をもって，形と色で表現しているのか確認してみよう。

　左の作品では，渦巻きの形によって「就職や保育士としての不安」，円が4分の1欠けた形（クリーム色）では「時間の早さ」，三角形（赤）では「就職活動への焦り」が表現されている。下部の細かな色紙（赤紫・黒・クリーム色）の重なりでは，「不安」「やりたくない」，でも「楽しみ」という複雑な気持ちが表されている。

　中央の作品は，3つの丸の重なり（ピンク・黄緑・クリーム色）には結婚後の「仕事」「育児」「自分のこと」，左下の3段積み重なっている（灰色）長方形には「忙しくて大変な気持ち」，そして，それを「隠そうとする振る舞い」が2つの丸（クリーム色）によって表現されている。

　右の作品では，「結婚した幸せな自分たち（中央の重なった2つの丸）」が表されている。一方で，日々「焦っている自分」が汗の形の大小（黄・緑・赤・橙など）で表現されている。

　Step up1を通じ，出来事や自身の心の動きを形と色で表すことで，形や色と心の動きを結び付けたり，与えるイメージを考えたりすることができる。また，友達と作品を鑑賞し合うことで，形や色のイメージの共通性についても確認することができる。

Step up 2　自分史絵本を音や身体で表現してみよう

方法

自分史絵本を用いて図形楽譜として，音をつくってみたり，身体の形や動きで表現したりしてみよう。個人やグループで表現してみよう。

　このような形や色を楽しむ作品に応じた，音や音楽を考えたり，ICTを使って効果音をつけてみたりすると，平面作品であっても動きや奥行が感じられるようになる。さらに，身体の形や動きで表現することで立体的，あるいは流動的な表現に変化していく。形や色からイメージしたことが造形，音楽，身体といったあらゆる表現につながり，それは心の表現であることに気づくことができる。❧

写真3-1-3 ●形や色を身体で表現する

② 触って感じる−つくって遊ぶことで広がる世界

「描く」ことと同じように「つくる」ことも，素材を基にしたさまざまな表現に発展していく可能性の高い活動である。例えば紙材の場合，紙の種類や質感や凹凸などにより指先で触れた感覚がそれぞれ異なる。最初はわからなくても，成長に伴い触覚が発達し，微妙な違いも認識できるようになる。そして紙の質や厚さや硬さによって，何をどのようにつくるか考えるようになる。

折り目をしっかり折ることによる美しさもよいが，Work1のように紙をびりびりに裂いてみたり，ちぎってみたり，くしゃくしゃに丸めてみたり，広げてみたりすることで思いがけない美しさを発見したり，遊びに発展したりすることがある。枠にとらわれない表現を試みよう。

Work 1　身の回りにある紙材を見直してみよう

紙は，身近な素材であり，画用紙やケント紙，クラフト紙，模造紙，和紙，段ボールなどさまざまな種類がある。
調査時間を3分として，紙の種類と適した使い方を調べ，まとめてみよう。グループ内で各自が調べた紙の種類と用途について共有してみよう。

写真3-2-1 ●びりびりの世界

① 新聞紙を縦方向と横方向に裂いて，気づいたことをまとめてみよう。
② 折り紙を10回ちぎってできた紙に，目と口を描きびりびり人をつくろう。
③ びりびりちぎって，びりびりの世界（写真3-2-1）を想像してつくろう。

また，トイレットペーパーなど水に溶けやすい紙材で余った絵具を拭き取ると，水分を含んで，まるで紙粘土のようになる。そうした紙の性質を利用して，主活動だけでなく後片付けも遊びに変えて楽しんでみよう（Work2）。

Work 2　紙材と絵具を混ぜてつくろう

絵具に小麦粉と洗濯のりを1：1の割合で混ぜて，耐水性シートの上で感触遊びをしてみよう。傘袋（写真3-2-2）やビニール袋（写真3-2-3）にも描くことができる。指で描いた跡に紙をあててこすると，モノプリント作品になる。残った絵具は水溶性のペーパーでふき取ると，水を吸ったペーパーは紙粘土のようになる。乾いたら絵具を塗って遊ぶこともできる。

① 後片付けが新たな遊びに発展できるような工夫について調べてみよう。
② グループで①の情報を共有し，準備や後片付けも創作時間になるように考えてみよう。
③ 紙粘土をベースに自然素材や人工物を組み合わせて，オブジェで表現してみよう。

写真3-2-2 ●傘袋に描く　写真3-2-3 ●ビニール袋に描く

Work 3　変形させて飛ばしてみよう

折り紙を縦に4等分して切り離し（写真3-2-4），そのうち1枚を取り出して上方3cmほどを縦半分に切ってひねる。左右1cmほど切り込みを入れて中央に折り畳む。折り紙の下1cmほどを上に2回折り返して重りにする。飛ばすとクルクル回転しながら落ちていく。

写真3-2-4 ●回転ペーパー

① 自然界をクルクルと回転しながら飛んでいるものを調べてみよう。
② 羽の長さ・軸の長さ・折り返した重りの部分の比率を変えてみよう。回転の仕方やスピードにどのような変化があっただろうか。
③ 両面折り紙でつくった場合，回転混合に着目し特徴についてまとめてみよう。
④ つくって飛ばす玩具にはどのようなものがあるか，調べてつくってみよう。

動画3)

　風を感じて遊ぶとき，心は解き放たれるような気持ちになる。飛ばして遊ぶ飛ばし方も人それぞれで，どのような方法であっても楽しむことができる。しかし，立体の場合は重力との兼ね合いが生じるため，ふさわしい材質や飛ばし方に最適解がある。形や大きさ，触覚的に感じる素材と身体の動きが連動していることが確認できる。また，Work3の発展として，風を受けて飛ぶ形，まっすぐに飛んでいく形，回転しながら飛ぶ形，宙返りする形，波打って飛ぶ形について，それぞれどのように飛ばしたらよいのか最もよい飛ばし方を探してみよう。🍀

Step up 飛ばして遊ぶ動画をつくってみよう

筒型飛行機（写真3-2-5）をつくり，飛ばす方法のコツを動画に撮影してみよう。また，みんなで一斉に飛ばすことでさまざまな色があらゆる方向に飛ぶ美しいシーンを見ることができる。みんなでステージに並んで飛ばしてみよう。録画してスロー再生すると，幻想的なシーンをつくりだすことができる。

用意するもの　折り紙（できるだけ多くの色）

写真3-2-5 ● 筒型飛行機

飛ばし方はいろいろある。一例として動画を作成した

動画4)

---

3) https://youtu.be/REecBQgNX_E
4) https://youtu.be/puT7e-y3Bio

3 創造的な音楽活動

　文部科学省「幼稚園教諭の在り方に関する調査研究」[5]のモデルカリキュラムで示されている【幼児と表現】の［全体目標］に「当該科目では，（中略）<u>幼児の感性や創造性を豊かにする</u>様々な表現遊びや環境の構成などの専門的事項についての知識・技能，表現力を身に付ける（下線筆者）」とあり，［(2) 様々な表現における基礎的な内容］の［一般目標］では，「<u>身体・造形・音楽表現などの様々な表現の基礎的な知識・技能を学ぶことを通し，幼児の表現を支えるための感性を豊かにする</u>（下線筆者）」とある。また，吉永[6]はモデルカリキュラムに基づく授業モデルの提唱を通して，「与えられた既成の楽曲を上手に表現することが，幼児の表現の姿ではない」と述べている[7]。このことから，これからの保育者が音楽表現活動を行うにあたっては，保育者自身が感性・創造性ともに豊かであり，既存の楽曲に取り組むだけではなく，創造的な音楽活動の①知識，②経験を培っていくことが必要になってくる。そこで本節では，「自分なりの表現を示すにふさわしい素材や方法を探る」ために必要な①知識に焦点をあてる。このことは，上記モデルカリキュラムにも依拠している。本節で培った知識を基に，第5章①では②経験に焦点をあて，他者との応答としてグループワークによる創造的な音楽活動を紹介する。

1 ■ 楽器ではない「もの」を使った即興表現

　「創造的な音楽活動」と聞いて，どのような活動を思い浮かべるだろうか。音楽をつくりだす活動は，大衆向けのヒットソングや交響曲のような高度な専門的知識を要する作曲行為だけではなく，また楽器を使った表現だけでもない。サウンド・エデュケーション[8]を提唱したR．マリー・シェーファーは，著書のなかで次のように述べている[9]。

5）文部科学省「幼稚園教諭の在り方に関する調査研究」〈3 領域及び保育内容の指導法に関する科目（2．「領域に関する専門的事項のモデルカリキュラム」）〉2017
6）保育教諭養成課程研究会編『幼稚園教諭養成課程をどう構成するか～モデルカリキュラムに基づく提案～』萌文書林，2017
7）わらべうたや遊び歌，童謡などの既存の楽曲に取り組む重要性についても述べている。
8）詳細は第6章①を参照されたい。
9）R．マリー・シェーファー，今田匡彦『音さがしの本―リトル・サウンド・エデュケーション』春秋社，1996

> 自分の靴を使って，いったいいくつの音が出せるかな？
> 　靴を床の上で鳴らしてみよう。ふたつの靴が，カタカタといっしょにおしゃべりをするみたいに。靴ひもはどんな音がするのだろう？
> 　しばらく，いろいろな（できれば，ぜんぶの）音をさがしてみよう。（中略）
> 　グループになって，5分間で，靴を使った短い音楽を，その場で自由に（即興で）作ってみよう。そしてクラスで，その即興の音楽を発表してみよう。

　このように，身近なものを使用して，どのような音を出すことができるかを探索することや，ルールに縛られない自由な即興表現も，創造的な音楽活動になる。

　図3-3-1にあるように，インプットの役割である感性と，アウトプットの役割である創造性が，往還的にかかわり合うことにより，豊かな感性・創造性が育まれる。子どもは園生活のなかで，多くの身近なものから発せられる音に出会う。それらの音を雑音として処理してしまうだけではなく，ときには「この音おもしろいな」「このものからはどんな音がでるかな？」といったことに気づける感性を養うことが，豊かな創造性の表出につながるのである。

図3-3-1　感性と創造性の往還

Work 1　身近なものを使って即興的に表現しよう

家から持ってきたもの，教室の中・外にあるものを使って，即興的に表現する。
① 落ち葉を集めてどのような音が出るか探ってみる。
② 水をはったバケツにものを落とすと，どのような音が出るだろう？
③ ペットボトル，缶，ビンの中に，石，どんぐり，ビー玉などを入れて，違ったものの組み合わせでどのような音が出るか試してみよう。

　Work1の活動をそのまま楽器に置き換えて行うこともできる。さまざまな楽器を使って，音の出し方を工夫することや，自由な即興表現を行うこともまた，感性と創

造性の往還につながる。

2 ■ 音楽の仕組みを活かして

　探究的に音を出したり，ルールに縛られず自由に即興表現したりする活動に，音楽的な発展性を生むためのひとつの手立てとして，音楽の仕組みを活かした活動がある。音楽の仕組みは，簡易なものからむずかしいものまで多様だが，ここで取り上げるのは，「反復」「ずれ」「変化」「呼びかけとこたえ」の4つである。これらは，J-POP・クラシック・民族音楽など，さまざまなジャンルの音楽において共通してみられる。

　1の活動では，身近なものや楽器による自由な即興表現のなかで，多様なリズムが生まれる。例えばそのなかのひとつのリズムを「反復」することで，ある一定の長さのリズムパターンが生まれる。また，誰かと別のリズムパターンを重ね合わせることで，新たな響きの音楽が生まれる。器楽合奏のように，しっかりと拍を合わせて重ねてもよいが，合わせなくてもよい。合わせないことで「ずれ」が生じ，また新たな響きが生まれる。ずっと同じパターンの「反復」ではなく，途中で「変化」させてもよい。意図的に変化させてもよいし，ほかの人のリズムパターンやずれに釣られて変化させてもよい。

　「呼びかけとこたえ」とは，音楽による会話である。誰かのリズムを聴いて，それを真似したり，新たなリズムで答えたりすることである。

　音楽の仕組みを活かした活動は他者との関係性のなかで展開することができるため，具体的な活動例や作品例は第5章①で紹介する。

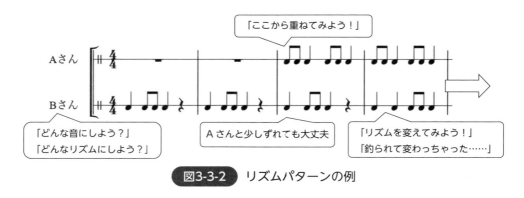

図3-3-2　リズムパターンの例

3 ■ 五音音階

　長調や短調といった音階は7音で構成されているが[10]，五音音階は読んで字のごとく，5音で構成された音階である。幼稚園などで広くうたわれている曲や，童謡，民謡，ポピュラー音楽など，幅広い音楽で使われている。

　一般的に旋律をつくる場合，調性の仕組みやコード理論などを基にして，音が濁らないよう配慮してつくられる。しかし，五音音階のように音を5つに限定させることによって，ある種適当に弾いたとしても，音が濁りにくくなる。五音音階を使用することにより，自由な即興表現で旋律をつくりだすことができるようになる。多くの種類の五音音階があるが，以下に5種類を取り上げる。

　各五音音階の旋律をつくる際に，鍵盤図の色付きの丸の音で終わるようにすると，よりその音階の特性を引き出すことができる。

（1）ヨナ抜き音階（ド－レ－ミ－ソ－ラ）

　長調の4，7番目の音を抜いた音階。ポピュラー音楽，童謡などで幅広く使用されている。

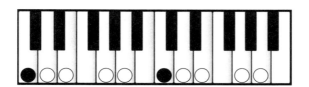

（2）民謡音階（ラ－ド－レ－ミ－ソ）

　構成音はヨナ抜き音階と同じだが，旋律の終わりに使用する音が異なる。民謡でよく使われている音階。

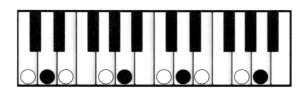

10）和声的短音階，旋律的短音階を除く。

（3）琉球音階（ド—ミ—ファ—ソ—シ）

長調の2，6番目の音を抜いた音階。沖縄の民謡で使われている音階。

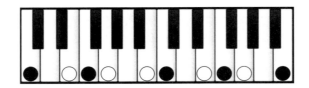

（4）都節音階（ミ—ファ—ラ—シ—ド）

長調の3番目から始めて，2，5番目の音を抜いた音階。日本の童謡や伝統音楽で広く使われている音階。

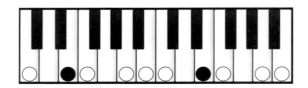

（5）黒鍵の音階（ソ♭—ラ♭—シ♭—レ♭—ミ♭）

黒い鍵盤のみを使用すると，五音音階になる。3つの黒鍵の左側であるソ♭の音で旋律を終わりにすれば，ヨナ抜き音階の響きに，3つの黒鍵の真ん中であるラ♭の音か2つの黒鍵の右側であるミ♭で旋律を終わりにすれば，民謡音階の響きになる。🍀

Work2　五音音階を使って即興的に表現しよう

ピアノや木琴・鉄琴などの鍵盤楽器を用意する。5種類の五音音階からひとつ選び，その構成音の鍵盤に付箋やシールを貼る（黒鍵の音階は貼らなくてもよい）。このことで，どの音を弾けばよいか視覚的にわかりやすくなる。最初は右手だけで，慣れてきたら両手で，ほかの人と一緒に，自由に即興表現する。

写真3-3-1 ● 鍵盤に付箋などを貼るとどの音を弾けばよいか視覚的にわかりやすい

④ 自分の身体に気づく

1 ■ 自分の身体を客観的に確認する

　自分が今どのような動きをしているか，どのようなポーズをとっているか（身体空間知覚・空間定位）を精細に認識するのは非常にむずかしい。もちろん「立っている」「しゃがんでいる」「右手をあげている」といった大雑把なポーズは鏡で自分の姿を確認しなくても再現できるし，また言葉で説明もできる。しかし，腕の角度（高さ），手の平の角度（向き）や首の角度など身体部位の三次元的な位置をミリ単位で認識し，さらに再現できるのは，日本舞踊などの伝統芸能の師範やアスリートといった身体技法の熟練者のみであり，一般人ましてや子どもにとってそれは不可能に近い。

　「むずかしさ」は「おもしろさ」につながる。そこで，そのむずかしさを体験する遊びを行い，楽しみながら自分の身体に目を向けてみる。

Work 1　左右の位置がずれる

① 目を閉じて人差し指の先を合わせてみる。
② 鏡の前に立って目を閉じる。両腕を時計盤の12時の方向へあげたあと，目を開けて左右の腕の高さを確認する。同様に時計盤の2と10，3と9など対称となるほかの数字の位置でも行ってみる。

写真3-4-1 ● 指と指，くっつくかな？

Work 2　写真で確認する

① 直立姿勢を正面・横・後方から撮影する。猫背や反り腰になっていないか，左右の肩の位置が水平になっているか，首がどちらかに傾いていないか確認する。
② 真似っこ遊びで動物や植物，乗り物などに変身し，その姿を撮影し確認する。自分のイメージと実際の自分の形がどれくらい一致しているだろうか。
③ ②と同様に，スポーツの動き・フォーム，日常生活の動きを真似して撮影する。友だちと見比べてみる。

Work 3　動画で確認する

簡単な動きを動画撮影したあと，スロー再生で自ら確認する。
① 自分が思っている姿と実際の姿の違いに気づく。
② 友だち同士で比べてみると違いがわかり，さらにおもしろい。

　発達段階と運動能力・経験によって四肢の伸びに違いが表れる。例えばまっすぐ上に高く跳ぶ（垂直跳び）ときには通常，空中で肘も膝も伸びるが，子どもの場合は空中で肘・膝・股関節が曲がることが多い。

　写真3-4-2は，垂直跳びではなく跳び下り動作だが，左の5歳児はジャンプと同時に両膝が曲がっている。一方，右の9歳児は両膝がしっかり伸びている。「高く跳ぶ」という目的は同じでも，跳び方や姿勢は無意識に異なるが自分では気づかない。しかし，写真や動画を用いることで，客観的に気づくことができる。これを受けて無理に練習や修正を行う必要はなく，ただ「違うね，おもしろいね」と楽しむだけでよいのは言うまでもない。

写真3-4-2 ● 跳び下り動作時における膝の角度の違い

Step up 1　いろいろなジャンプから総合的な表現へ

① まっすぐ上にバンザイして高く跳ぶ。
② 四肢を大きく広げ「ドカ〜ン」と言いながら高く跳ぶ。
③ フィギュアスケーターのように回転しながら跳ぶ。
　など，多様なジャンプを試す。

　全員分のジャンプ動画を静止画で切り出し（最高到達点をすすめる），空や虹などの壁面製作の上に貼付してひとつの作品に仕上げる。また，他者のジャンプの形を真似して跳ぶ。さらにその様子も動画撮影し，誰がそのモデルのジャンプに似ているかを見る。もちろんジャンプのみならず，さまざまな動きに挑戦したい。ジャンプが比較的簡単でおもしろいのは，遂行時間が一瞬だからである（考えすぎたり迷ったりする猶予を与えない）。

2 ■ 瞬発的な即興表現遊び

　自分自身が感じたことや考えたことを熟考して表現するのも大切だが，考えすぎてしまい，かえってなかなかアイデアが生まれてこなかったり，自分で考えるのをあきらめて友だちの表現を真似する（それも大事だが）だけにとどまったりすることもある。そこで，瞬間的にその動き・ポーズをする「だるまさんの一日」を行ってみよう。「止まらなきゃ」というドキドキと次から次へとテーマが変わるテンポのよさ，目的が「表現して発表する」ではなく，あくまでも「そのポーズをし」ながら，鬼にタッチするゲームであることなどから，気負わずに恥ずかしがらずにいつのまにか表現遊びにもなっている。このとき肝心なのが，保育者が意識して子ども一人ひとりの表現に注目することである。誰が鬼にタッチできるかという「ゲームの結果」ではなく，ゲームの過程で，その都度生まれてくる「個々の結果」としての表現を大切にしたい。

Work4　だるまさんの一日

　① 　はじめは「寝た」「ご飯を食べた」「歯を磨いた」など生活に関するテーマにすることで，「やったことのある動き（いつもしている動き）」となる。そのためむずかしさを感じずに楽しく行うことができる。
　② 　年齢が上がるにつれ「ゾウさんになる」などの真似っこ遊び，さらには「サッカー選手になった」「お母さんになった」「台風になった」などと難易度を上げていく。

　発達段階に応じて，例えば小学校高学年からは「カラオケ大会で優勝した」「宝くじが当たった」「目玉焼きが焦げちゃった」など少し考えてしまうようなテーマで行うこともできる。

Work5　即興リズム遊び

　リーダー：「1，2の，3，ハイ」（これで速さが決まる）
　全　　員：「トン・トン・ト・ト・トン」（手拍子も併せて行う）
　リーダー：「〇〇〇（ここでテーマを言う）」例）ウサギさん，おすもうさんなど
　全　　員：「3・2・1，ハイ」（この「ハイ」に合わせてそのテーマを表現する）

　円になって行うことで，全員の表現を互いに見ることができる。リーダーの位置は円上でも中心でもよい。子どもにとってとっさにテーマを言うことは非常にむずかし

④　自分の身体に気づく　　45

いため，はじめのうちは保育者がリーダーを務める。慣れてきたら，リーダー役の子どもに保育者が付き添い，前もって耳元で「何にする？」と相談・確認してから，一緒に掛け声をかけてあげるとよい。それぞれの表現を楽しむなかで，自分と同じ表現・同じポーズの友だちがいた場合はうれしく，また自分とは違う表現に気づくことで，「なるほど」「感じ方や考え方は人それぞれ」だということにも気づくことができる。

次の展開としてチーム対抗で行ってみよう。2チームに分かれて，はじめにチームごとにテーマを相談する。互いに対面になるように整列し，先攻チームは立ち，後攻チームは座る。後攻チームがリーダー役となり掛け声をかけ，先攻チームが即興表現を行う。①表現・ポーズが一致した人数を競う，②誰とも同じ表現・ポーズをしなかった人数を競う，の2種類の表現遊びを行うことができる。例えば「ゾウ」や「キリン」などは同じ表現・ポーズになりやすいが，例えば学生対象であれば「青春」「人生」などは同じになりにくいので，①と②でテーマの出し方も変わってくる。

3 ■ 実体験に基づく表現

表現遊びで頻繁に行われる真似っこ遊び。例えば，「ウサギさん」と言って頭の上に両手を立てて跳ぶという動きがよくある。もちろんこれも楽しい遊びだが，厳密にいえば「ウサギの真似」ではなく「ウサギだと言い張る保育者の真似」なのである。ウサギといえば「これ」というような記号的な表現ではなく，子どもの自由な発想からなる自分らしい表現を引き出すためには，やはり実体験が必要である。

写真3-4-3は，4歳児のいろいろなゾウの表現である。上の写真は，腕をゾウの鼻に見立てる定番・定型化された表現である。「ほかのゾウさんもやってみて」とお願いしたところ，真ん中の写真の表情になった。おそらく長い鼻をイメージしているのであろう。実際には鼻の下が伸びているだけであるが，彼のイメージの中では確かに自分の鼻が長くなっているのである。

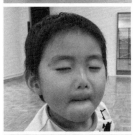

最後に下の写真の格好になった。「ゾウさん，何しているところ？」と尋ねると，「ゾウさんのうんち！」と教えてくれた。実際に動物園でゾウの糞を見たという実体験に基づいた表現である。

写真3-4-3 ●いろいろなゾウ

姿・形のほか，動きや匂い，触った感触など，可能であれば本物と出会うことで感覚や感動が生きた体験となり，それが豊かな表現につながる。まさに高橋[11]のいう「経験と自己表現活動の一体化」である。保育者にできること，すべきことは，上手な見本を見せることではなく，その子どもが「いつ・どこで体験したのか」「そのときどのような感じだったのか」を丁寧に質問して，その子どもの実体験に基づくイメージを喚起することである。また，そのような心が動く場・機会（環境）に出会わせてあげることである。❀

Step up 2　表現（output）する前にまずは体験・実感（input）を

① 　ひとつのテーマに対して「自分にとって，もっとも思い出深い〈それ〉」になりきる。イメージ想起に，ある程度の時間を設ける。ジェスチャーゲームではないため，無理に意味をもたせて伝えようとしなくてよい。友だちと見せ合ったり，エピソードを紹介し合ったりする。

　　⇒　あえて，友だちがその状況に合うBGMを探す。タイトルをつける。

② 　自然豊かな場所へ散歩に行く。そこで感じられる風，川の流れ，木々の揺れなどをじっくりと観察する。その感覚を頼りに，それらを身体で表現してみる。「どんな感じ？」「速い？　遅い？」「大きい？　小さい？」「うるさい？　静か？」など，具体的に質問することで，イメージが明確化する。

　　⇒　さらに，同じ題材を絵に描く，楽器や身近な素材を使って音で表現するなど，総合的な表現に広げてみるのもよい。

11）名須川知子・高橋俊之編著『保育内容「表現」論』ミネルヴァ書房，2006

第4章 素材との応答
―ものの特性を活かした表現

> **本章で学ぶこと**
>
> 子どもは遊びのなかでさまざまな素材に出会う。素材を探索したり，素材と向き合ったり，素材を媒介したりして，子どもは表現することを楽しむ。こうした子どもと素材の出会いをより豊かなものとするために，保育者自身の感性を働かせることが大切である。
> 本章では，身体の諸感覚を通して素材と応答し合いながら，素材の特性を形・色・手触り・音・匂いなどさまざまな角度から探究し，実践的に発想を広げていく。さらに，子どもがどのように素材と出会い，その素材と応答し合い，かかわりを深めているか事例を通して検討し，学びを深める。

1 子どもの表現を支える保育者の探究

1 ■ 素材と遊びと表現

　ある園で，大きな1枚のエアーパッキンを見つけた子どもたちがいた。子どもたちはその上に乗り，踏み始めた。その後，エアーパッキンの上に座り，近くにあった紙コップを縁に並べ始めた。さらにその後，ペンを持ち寄り，エアーパッキンの上で紙コップに何かを描き始めた。

　このように，素材から遊びが始まることもあれば，子どもが遊びのなかに素材を取り入れることもある。また，そこには安心して素材を探究し，操作し，遊ぶことができる環境があり，第2章②「音楽表現」で紹介した「マスタリー（支配）」「模倣」「想像的な遊び」にも関連する。

　エアーパッキンをきっかけとした子どもたちの遊びを，保育者は予想していたのだろうか。素材との出会いがもたらす表現は，保育者にとって意外なものも多いであろう。保育者としては，子どもたちの幅広い表現を見取ることが重要である。

　子どもが表現する姿には，どのようなものがあるのだろう。じっと見ること，近づくこと，ひたすら繰り返すこと，このような行為は表現の芽生えであり，いずれも対象となるものに興味をもっている。さまざまなものを丸める姿，さまざまなものに水をかける姿，さまざまなものを叩く姿，これらの姿は興味あるものを試し，遊んでい

る。しかし，このような行為は，名前のついていない行為であることが多く，単純な動きの繰り返しに見えるかもしれない。子どもが素材と対話し，探究する行為は，出会った素材とかかわること自体が目的となっている。これに対して，その子どもが何かを感じていることを感じ取り，受けとめることは，保育者の重要な役割である。

2 ■ 保育者として探究する経験

ここからは，音に焦点をあて表現について考えてみよう。

耳を澄ましてみよう。絶え間なく音が生じていることや，さまざまなものから音が生まれていることに気づくことができる。あらゆるものは音を生み出す素材となり，音そのものも素材である。

1枚の紙を例にあげると，どのようなことができるだろう。紙を丸めている子どもは，丸める際の音に興味をもっているかもしれない。何気ない子どもの行為も音，形，色，手触り，動き，匂いなど，多様な角度で見取ると，その子どもにとってのおもしろい世界をのぞき込むことへとつながる。

Work 1 新聞紙を使った素材探究

新聞紙では，どのようなことができるだろうか。ここでは思いつくことを試してみよう。
①　ひとつの部屋にたくさんの新聞紙があったとしたら，どのようなことができるだろうか。実際に遊んでみよう。
②　新聞紙を用いて，どのような音を出すことができるだろうか。クラスの人数分の異なる音を見つけてみよう。
③　新聞紙で遊ぶなかで，どのようなことが楽しかったのか，友だちはどのようなことを楽しそうにしていたのか，振り返ってみよう。

子どもと素材との出会いや，そこから生まれる表現をより豊かなものにするには，保育者の準備，受容・共感は欠かすことができない。これには，おとなも思いっきり表現してみることや，素材を使って探究し，可能性を探る経験が必要である。自分自身の経験した「おもしろさ」は，保育を計画したり，子どもの感動を受容・共感したりするうえでヒントとなる。

① 子どもの表現を支える保育者の探究 49

3 ■ 素材を用いた音の創造 ―保育者養成課程での実践

　保育者として，何気ない子どもの表現を見取る視座を培うためには，学生自身がまずは表現してみることが大切である。筆者は次のような実践を行った。

(1)「音の道」づくり

写真4-1-1 ●「音の道」づくり

　「音の道」づくりは，『音さがしの本　リトル・サウンド・エデュケーション』[1]のなかの課題のひとつで，1歩ずつ歩くごとに違った音のする道をつくる。この本には，100の課題が紹介されており，学生にとっては，初めてのことを思いっきり行う経験になる。

　『音さがしの本』の課題の実践では，学生は最初，新鮮さから，どこか緊張した様子が見られたが，次第に意外性を楽しみ，表現を思いっきり行う様子が見られるようになった。他者とともに表現を重ねることにより，音そのものの探究に加えて，他者との関係も築き，安心して表現を行うことのできる環境を学生らがつくる様子がうかがえた。

　「音の道」づくりの素材選びは，学生が授業内で行った。100円ショップに向かい，素材を選び，購入した。学生たちは，無数にある商品に対して，普段の買い物とは異なる「音が鳴るのか」「踏めるのか」という視点で選んでいた。作成時は，100円ショップで選んだものに加えて廃材も配置した。並べる過程，踏む順番にも学生の創意工夫が満ちていた。それ以前の授業で，音に耳を澄ませ，楽しみ，表現を受容し合う経験を積み重ねたからこそ，学生は「音の道」づくりをより一層楽しんだのではないだろうか。

　学生たちの感想は，開口一番「楽しかった」であった。その後の感想からは，活動前は「音の道」というものの予想や想像がつかなかったこと／裸足で踏むことを選んでみたが，痛さも含めて足で踏んだ感覚が印象に残ったこと／この歳で踏むという行為に特化したことが新鮮であったこと／購入する際に，踏んだらどうなるのかということを考えたり，音に限らずおもしろそうなものを選んだりしたこと／風船やござを踏んだことが印象的だったことなどがうかがえた。

---

1) R. マリー・シェーファー, 今田匡彦『音さがしの本―リトル・サウンド・エデュケーション　増補版』春秋社，2009

（2）楽器づくり

　素材から出る音を探究し，それを活かして楽器をつくる経験を目的に，「音探究としての楽器づくり」をテーマとした授業を行った。そのなかで，例えば写真4-1-2～4-1-4のような楽器をつくる学生の姿が見られた。ほんの一例ではあるが，特定の楽器の模倣というよりも「その素材で何ができるのか」を探究し，個人や学生同士で試行錯誤した姿が印象的であった。

　楽器づくりの過程は，音に着目したものにも，形や色など見た目に着目したものにもなり得る。楽器づくりのきっかけ及びねらいは，子どもの興味の対象に応じて展開されることが望ましい。

　例えば，音に着目した楽器づくりでは，次のような過程が考えられる。園庭で容器に砂や木の実を入れていた子どもが，容器を持ち上げた際に，音が鳴ることに気づく。音が気になり容器を振ると，さらに音が鳴る。このような子どもの姿は，容器や中に入れるものの種類とその量，鳴らし方の工夫から，振って音を鳴らす楽器づくりへとつながる可能性がある。ここには，子どもが音に気づき，興味をもち，探究する過程がある。音そのものに興味をもち，探究し，楽器をつくると，他者の楽器づくりの過程や，身の回りのものの仕組みにも関心をもつきっかけとなる。

　また，保育者は楽器づくりの過程を見取り，完成後の遊びについても，多様な取り組みを考える必要がある。場合によっては，みんなで「合奏する」「ピアノに合わせる」「曲に

写真4-1-4 ● 学生による手づくり楽器③

写真4-1-2 ● 学生による手づくり楽器①

写真4-1-3 ● 学生による手づくり楽器②

合わせる」ことに導くと，自分や友だちがつくった音が味わいにくくなることもあるので，一人ひとりの楽器の音が発揮されやすいような取り組みに導くことができるとよい。例えば，全員で一斉に「タンタンタン」と3回楽器を鳴らしたあとに，ひとりずつ楽器の音を披露するのもよい（円をつくり，全員，ひとり，全員，ひとり……を繰り返す）。

　逆に，最初から具体的な楽器（SNSを参考にしたかわいい手づくり楽器など）をつくることが目的となっている場合，音を探究し，音色や音の鳴らし方などを試すことは少ない。例えば，おとなが「これをつくろう」と提案し，「振ったら音が鳴るんだよ」と紹介する場合は，子どもが自分で音に気づき，興味をもち，探究する過程に至りにくい。言い換えれば，音に対して子どもの探究の余地が十分に残されていない。

　ここでは，楽器づくりを例にあげたが，特定の活動の実践が子どもの表現に直結するわけではなく，子どもと環境との出会いを見取り，尊重する保育者の柔軟な視点が大切である。そのため，保育者は表現にまつわる固定観念を一度相対化し，子どもの姿に合わせて，ともに表現を行うことが必要である。保育者は，子どもが興味をもつ過程を見取り，子どもの姿に応じた保育を展開することが重要である。子どもが思うままに表現し，その過程自体が目的となるとよい。❀

② 素材の形・色・手触りから広がる表現

　砂場で遊んでいる子どもを見ていると，穴を掘ったり，盛ったり，かためたりと，さまざまなかかわり方をしている様子がみられる。ひとつの素材でもかかわり方によって，形や色，手触りなどが変化し，その素材のいろいろな側面をみたり感じたりすることができる。さらに，その変化した姿から「山」「団子」などの具体物が生まれ，子どもの見立てによってイメージの世界が広がっていく。

1 ■ 素材をそのまま使う素朴なかかわり

　素材のいろいろな姿と出会うためには，さまざまな方法で素材とかかわる必要がある。子どもは日常的な遊びのなかで素材とかかわっている。それは「～をつくろう」と，必ずしもはじめから子どものなかに表したいイメージがあるわけではない。触れてみる，動かしてみる，形を変えてみることなどの行為を通して，子どものなかに「やってみたいこと」が生まれる。素材とかかわること（行為性）を大切にし，そこで感じるものや広がるイメージなどの内的なプロセスに着目してみよう。

Work1　石を立ててみよう（ロックバランシング）

写真4-2-1のように石を立ててみよう。室内で行う場合，床や机などの平らな面では立たせにくいので，土台となる石の上に立たせるようにする。石同士接する面積はなるべく小さくなるようにして，横に寝かせた状態ではなく，垂直に立つようにする。位置をずらしたり，傾きを変えたりしながら，集中して少しずつ調整してみよう。

写真4-2-1 ● ロックバランシング

　Work1では成功・失敗よりも，立ち上げる過程での自分自身の身体と素材との対話を感じ取ってほしい。指先を通して石の重心やバランスといった目に見えない部分と自分の身体がつながるような感覚がないだろうか。子どもも日常的な遊びのなかで，素朴な行為を通して素材と対話をしている。造形は特定のイメージを「描く・つくる」ことだけでなく，行為を通して素材を「みる・感じる」ことが行われている点に注目したい。

子どもは素材の豊富さに好奇心を刺激され，自発的にかかわろうとする。次の事例1では，5歳児を対象に大量のこっぱ（木端）で遊んだ実践を紹介する。「どのようなことができるかな」と投げかけると，子どもたちは，すぐさま素材とかかわり，思い思いに遊びを広げていった。

事例 1　こっぱ（木端）で遊ぼう（5歳児）

〈同じ形を集めて並べたら……〉A児はいろいろな形があるこっぱのなかでも同じ形があることに気づいた。細長い三角形の形を集めて並べると，ぐるっと円形になりそう。近くにいた子どもも三角形集めに協力し，一緒に「花火みたい」とイメージを広げていった（写真4-2-3）。

〈私は棒屋さん〉B児もA児と同様に，同じ形を集め始めた。いろいろな長さ，太さの丸い棒を集め，「私は棒屋さんだよ」と棒を専門で売るお店を開業した。テーブルがわりのコンテナの上には種類ごとに分けられた商品が並んでおり，店主B児のこだわりがうかがえる（写真4-2-4）。

〈木だけで火をつけられるか？〉C児は「これで火がつくかな？」と，細長い棒を板に擦りつけ始めた。近くにいた子どもも一緒になり，火つけ遊びが始まる。一生懸命擦りつけては先端に触れて，「少し温かくなったかも」と成果を感じる。とうとうC児は棒の先端をペンで赤く塗り，「ついた！」と言って火に見立て，イメージを重ねた遊びへと展開していった（写真4-2-5）。

写真4-2-2 ●こっぱで遊ぶ

写真4-2-3 ●花火みたい

写真4-2-4 ●私は棒屋さん

写真4-2-5 ●これで火がつくかな？

事例1の遊びのほかに，こっぱの並びを顔や動物などに見立てたり，建物や乗り物のミニチュアをつくったり，丸い形の転がりや揺れの動きを楽しんだり，木を叩いて音を鳴らしたりと，いろいろな遊びの展開がみられた。素材の形を変えなくても，並べる，集める，叩く，擦るなどの素朴な行為を通して，子どものなかにさまざまな「やってみたい」が生まれ，イメージの世界は広がっていった。

> **Work 2　並べて，積んで，遊んでみよう！**
>
> 石やこっぱ，割り箸，紙コップなど，量をたくさん集められる素材を使い，並べたり，積んだりして遊んでみよう。どのような遊びに発展するだろうか？
> ① どのような遊びに発展したか，その経緯も合わせて紹介しよう。
> ② 遊びの過程でどのようなことを感じたり考えたりしたか，振り返ろう。

2 ■ 素材の形や質感を変えて遊ぶ

　粘土や紙は，道具を使わず身体的なかかわりだけで容易に形や質感を変化させられる応答性の高い素材である。使い始めの粘土はひんやりと冷たく，かたさも感じられる。粘土板に取り出し，こねていくと，徐々に自分の体温が粘土に伝わり，温かく，やわらかくなる。土粘土は加える水の分量で，パサパサ，ベタベタ，グチャグチャ，トロトロなどとあらゆる質感に変化する。乾いてかたくなった土粘土は水を加えることで，また粘土として使用することもできる。水を加えた直後は，気泡とともにシュワシュワと，乾いた粘土に水が染み込む音が聞こえてくる。

写真4-2-6 ● こねて伝わる体温

　新聞紙もまた，身体的なかかわりで形や質感を容易に変えられる素材のひとつである。破いたり丸めたり湿らせたりと，かかわり方次第で素材を多様に変化させられる。また，新聞紙は1枚を広げると子どもが隠れられるほどの大きさになる。素材の大きさも，子どもの好奇心を刺激する重要な要素である。身にまとったり，ものを包んだり，空間を仕切ってみたりと，大きいからこそできる遊びの可能性がある。

写真4-2-7 ● 水で変わる粘土の質感

次に，5歳児を対象にした新聞紙遊びの事例を紹介する。子どもには，何をつくるか・するかは示さずに，思いつくままに大量の新聞紙とかかわった。ゆとりある時間と空間が保障されたなかで，子どもたちのイメージの世界は広がっていった。

事例 ② 新聞紙で遊ぼう（5歳児）

〈たくさん破いたら……〉新聞紙の破き方も多様である。大胆に破いたり，まっすぐ丁寧に破いたり，細く長く破いたり，指先を使って細かくちぎったり……。空間には次第に新聞紙の山ができてきた。それを両手ですくってまき散らす子ども，紙片の山に潜って隠れてみたり，布団に見立てたりする子どもの姿がみられた。

〈落ち着くお昼寝場所〉テーブルの下で横になったらお昼寝ができそう。まわりの子どもが細くちぎった新聞紙でカーテンのようなひらひらをつけ，お昼寝の場所づくりをお手伝い。新聞紙が空間を仕切る役割を果たしている。

〈長ーくつなげて……〉細長く破いたものをつなげてみたら，どこまでも延ばせそうな気がしてきた子どもたち。新聞紙を破る子ども，テープを貼る子ども，切れないように見守る子どもなど，遊びから自然と役割が生じる。素材の特徴から生まれた目的意識と広がるイメージを，友だちと協力して実現しようとする様子がうかがえる。

〈しんぶんファッション〉新聞紙でつくった帽子をかぶったり，スカートをはいたりして素敵な「しんぶんファッション」の出来上がり。身にまとうことでモデルやヒーローになりきる子どもたち。まとうことからなってみる（演じる）表現へと展開した。

写真4-2-8 ● 新聞紙で遊ぶ子ども

写真4-2-9 ● 落ち着くお昼寝場所

写真4-2-10 ●〈しんぶんファッション〉

写真4-2-11 ●長ーくつなげて

　最近では新聞をとる家庭は少なくなり，新聞紙は身近な素材ではなくなってきた。一方で，ネット通販の普及により，包装や緩衝材の役割としてクラフト紙が使われる機会が増えている。クラフト紙も新聞紙に代わる大きな紙素材として，子どものワクワクした気持ちを刺激してくれるだろう。❀

写真4-2-12 ● クラフト紙は新聞紙に代わる紙素材

第5章 他者との応答
―人と協働し合う表現

本章で学ぶこと

子ども一人ひとりの表現は，ときにささやかで，誰にも気づかれずに過ぎ去ってしまうことがある。こうした子ども一人ひとりの表現が，他者に認められたり，共感されたりするとき，その表現に新たな意味が付加される。

本章では，場を共有する人びとが互いに表現を認め合い，応答したり，協働したり，共有したりすることによって，広がる表現の多様性を実践的に探究する。さらに，子ども同士の遊びの場では，どのように他者と応答し合い，協働的な表現を生み出すのか事例を通して検討し，学びを深める。

1 創造的な音楽活動のプロセス
― 「創造」→「共有」→「展開」

創造的な音楽活動[1]は，他者との関係性の場に，よりクリエイティブな活動を展開することができる。そこでは，「創造」→「共有」→「展開」のプロセスで進んでいく[2]。「創造」は，第3章③で紹介したように，身近なものや楽器を使用して，探索的に音を出したり，自由に即興表現したりすることや，音楽の仕組み，五音音階などを使用して，創造的な音楽活動を行うこと

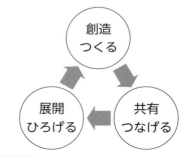

図5-1-1　「創造」→「共有」→「展開」

である。「共有」は，一緒に活動を行っているグループ内・グループ間で，互いに聴き合ったり話し合ったり，情報を共有することである。「展開」は，これまでの活動で共有したものを元に，今後の活動へ発展させていくことである。図5-1-1に示した

---

1) 創造的な音楽活動については第3章③を参照されたい。
2) Nakamura, A., Kinoshita,K., & Nanjo, Y., The Pentatonic Scale Gives Everyone a Chance to Create Music: Creating, Sharing, and Developing Music with Participants. *International Journal of Creativity in Music Education, Volume9*, 2022, pp.42-55.

ように，このプロセスが往還的につながっていくことにより，感性・創造性が醸成されていく。ここでは，このプロセスを実現するための2つの活動を紹介する。

Work 1　音楽の仕組みを活かした即興的なリズム遊び

身近なもの・楽器を持って全員で円になる（立っても座ってもよい）。円の中心に1人リーダーを置き，音楽の仕組みを活かした即興的なリズム遊びをする。

① 呼びかけとこたえ（真似っこ）

リーダーが即興でリズムを演奏し（呼びかけ），円メンバーの1人が真似っこしてそのリズムを演奏する（こたえ）。次に，リーダーが別のリズムを即興で演奏し，先ほどの円メンバーの隣の人が真似っこする。このリーダー → 円メンバー → リーダー → 円メンバー → ……の流れを繰り返していく。リーダーはその都度即興でリズムを演奏する。

② 呼びかけとこたえ（新たなリズム）

①と同じ要領で行うのだが，円メンバーは真似ではなく，即興で新たなリズムをこたえる。

③ リズムリレー

リーダー → 円メンバー → 円メンバー → 円メンバー → ……と，最初のリーダーのあとに，円メンバーのみでリズムをリレーしていく。真似にならないように，新たなリズムでリレーしていく。前の人の呼びかけに対して，自分がこたえて，またそれは次の人にとっては呼びかけになるという意識をもつことがポイント。

④ リズム伴奏つきでリズムリレー

③の活動をリズム伴奏つきで行う。リズム伴奏は円メンバーの2～4人程度で行う。伴奏のリズムはリーダーが提示してもよいし，伴奏役の誰かが提示してもよい。提示されたリズムを反復して，伴奏を構成する。

図5-1-2　リズム伴奏つきでリズムリレーの例

円が1周したら一区切りさせるのがよいが，人数や状況によって，2，3周しても構わない。時計回りにしたり，反時計回りにしたり，円メンバーの最初の人をその都度変えるなど配慮が必要である。

Work2 五音音階を活かした旋律づくり

木琴や鉄琴などの鍵盤楽器を向かい合うように置き，それらを囲うように全員で円になる（図5-1-3）。第3章③で紹介した5つの五音音階からひとつ選び，その構成音の鍵盤に付箋やシールを貼る（黒鍵の音階は貼らなくてもよい）。ピアノ伴奏に合わせて旋律づくりをする。

ルール
① 伴奏譜の冒頭4小節の間に，円メンバーの2人が向かい合うように鍵盤楽器の前に立つ。この2人は円の対称の位置にいるメンバーにする。
② 伴奏譜の5〜8小節目を2回繰り返す。その間，2小節交代で旋律づくりをする。
③ 冒頭4小節に戻り，その間に演奏した2人は，円の左隣の人と交代する。
※①〜③を繰り返す。

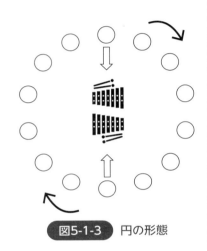

図5-1-3　円の形態

【ヨナ抜き音階の伴奏例】

3）ヨナ抜きの音階 https://chuohoki.socialcast.jp/contents/972

【民謡音階の伴奏例】

音声データ[4]

【琉球音階の伴奏例】

音声データ[5]

【都節音階の伴奏例】

音声データ[6]

4) 民謡音階 https://chuohoki.socialcast.jp/contents/970
5) 琉球音階 https://chuohoki.socialcast.jp/contents/971
6) 都節音階 https://chuohoki.socialcast.jp/contents/968

① 創造的な音楽活動のプロセス―「創造」→「共有」→「展開」

【黒鍵の音階の伴奏例】

音声データ[7]

　2小節交代の旋律づくりのやり取りは、呼びかけとこたえであるという意識をもつことがポイントである。慣れてきたら1小節で交代してもよい。子どもを対象とする場合、このルールだとむずかしいので、より自由に、よりフレキシブルにしてもよい。伴奏のなかのどこで入ってきてもよいし、自由なタイミングで旋律づくりを交代したり、複数人で一緒に旋律づくりしたりしてもよい。🍀

7）黒鍵の音階 https://chuohoki.socialcast.jp/contents/969

② 「場」「もの」「人」と協働する表現

1 ■ 協働が生まれる園庭遊び

　子どもたちの協働し合う表現が生まれる場として，まずあげられるのは園庭だろう。砂や土や石，雨あがりの水たまりや満開の花，積もった落ち葉などは，おとなにとっては日常の自然でも，子どもにとっては興味・関心の対象となり〈名もない遊び〉がはじまるきっかけとなる。初めはひとりでも仲間が次第に集まり思いを共有したり，やりとりが生まれる「協働的な遊び」に発展していく。

　A幼稚園には，ルースパーツがたくさんある。ルースパーツとは，特定の目的がなく，いつでも子どものしたいように組み合わせたり動かしたりと自由に遊べる可動遊具のことである。例えば，瓶のケースはテーブルや椅子，ときにはジューススタンドにもなる便利な箱である。ほかにもタイヤ，お風呂マットや丸太など「遊び方が決まっていない」さまざまな素材や道具は，園庭に用意するだけで，その場ですぐ仲間同士の新しい遊びが生まれる。つまり場やものを介して，人と人はつながっていくのである。

写真5-2-1 ●水たまりは子どもたちにとって興味のある場所。みんなで静かになかに入っているだけで楽しい

写真5-2-2 ●落ち葉の布団はカサカサしていて心地よい

Work 1　ルースパーツになる素材・道具を探してみよう！

身の回りにある日用品で，ルースパーツになる素材・道具を探してみよう。
① さまざまな素材のものをそろえよう。
② 大きいものから小さいものまであげてみよう。

写真5-2-3 ● 瓶のケースで思い思いに空間をつくっていく

写真5-2-4 ● 廃棄の本棚をスタンドに加工した遊具では相手を意識したやりとりが生まれる

写真5-2-5 ● 風呂マットは園庭に敷くと部屋にもなり布団にもなる

写真5-2-6 ● ひとりでは持てない重さや大きさの遊具で協働性は自ずと生まれる

2 ■ 発想を広げ協働的な遊びを展開

　外遊びで始まった子どもたちの〈名もない遊び〉が，保育室に持ち込まれ思わぬ協働性を発揮した遊びに展開するケースもある。いわゆる「プロジェクト型保育」のようにもみえるが，保育者が無理して展開させたり，長く続かせたりする必要はない。満足するまで没頭し探究さえできれば，他者との協力や共感といった相互作用が生まれ，時間をかけて遊び方や楽しみ方が変化していく。

> **事例 1** 恐竜の化石を発見！（5歳児）
>
> B保育所5歳児クラスでは，園庭で石を拾うことがブームである。元々空き地だった園庭の隅には大小，さまざまな石が落ちている。なかでも特に恐竜好きのB児は，変わった形の石を「恐竜の化石に違いない」と言い出した。それをきっかけにみんなが拾った石を図鑑で調べ，〈恐竜名を書いたラベルをつけて飾る〉という遊びへ展開していった。
>
>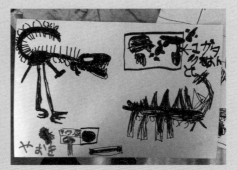
>
> 写真5-2-7 ●「恐竜の化石」箱。子どもたち直筆のラベルつき　　写真5-2-8 ● 恐竜の骨や模型を描くブームも到来

Work 2　子どもたちの遊びを想像してみよう

事例1の「恐竜の化石」ごっこは，このあとクラス全体に広がっていくが，どのような遊びへの展開が考えられるか？　まわりの人と話し合って想像してみよう。
　① 保育室内には廃材や段ボールなどの素材がふんだんにある環境を準備する。
　② 図鑑で調べたり，近くの博物館へ行ったりと，子どもたちの知的好奇心が満たされるような保育内での提案も大切である。

3 ■ それぞれの遊びの展開を見守る

　事例1の園庭で拾った石を見立てることで始まった「恐竜の化石」ごっこブームからしばらく経つと，子どもそれぞれの遊びへと展開していく。もちろん，子どもたち

には「恐竜愛」の温度差や，元々の興味・関心の違いがあるため，全員が同じ遊びに向かうわけではない。大切なことは保育者が遊びを牽引するのではなく，子どもたちの発想や工夫の声に耳を傾け，もし必要があれば援助することであり，決して立派な作品を仕上げることではない。

事例1の「恐竜の化石」ごっこをきっかけに，いくつかの遊びが生まれた。その後，特に夢中になった2つの遊びを紹介する。

事例2 自分の化石をつくりたい！（5歳児）

恐竜を図鑑で調べていくうちに，どこか様子が違うことに気づいた子どもたち。それならば「自分で好きな形の恐竜の化石をつくりたい」となった。そこで保育者は化石に色や質感が近いテラコッタ粘土を準備した。子どもたちはアイデアを出し合いながら，化石づくりを楽しんだ。

写真5-2-9 ● テラコッタ粘土で思い思いに形をつくっていく

写真5-2-10 ●「化石をつくる」はずが「恐竜の卵」「好きな動物」などをつくる脱線も楽しい

事例 3 博物館をつくりたい！（5歳児）

夏休みに国立科学博物館の「恐竜博」に行った子どもたちからは，「本物の博物館をつくりたい」という話があがった。「本物の」という点は，子どもたちなりの「本物のイメージ」に任せ，保育者はストックしていた段ボールなどを出して，どのようにでもつくれるような環境を準備した。

写真5-2-11 ● 図鑑を開きながら友だちと話し合って何かをつくっていく

写真5-2-12 ● 手を当てると開くシステムの自動ドア（実は手動）！

写真5-2-13 ● 上：本日のスピノザウルス
下：館内案内図

写真5-2-14 ● 本当に乗ることができる恐竜をつくる

写真5-2-15 ● 肉食恐竜が食べる肉をつくる

4 ■ 「子どもたちならではの世界」を大切にする

　想像的な遊びへの探究が深まるところには，必ず子どもたちなりのリアリティが存在する。そこは「本物のような」見立てや空想の世界，すなわち「子どもたちならではの世界」を楽しめる場所なのである。そして，それぞれの世界観やイメージが他者と共有され，協働的な遊びが展開していく。このような遊びが生まれる背景には，子どもたちの創造力や好奇心をかき立てる「もの」や「場」がある。そして，その小さなきっかけに目を向け耳を傾け，その発想を一緒におもしろがることができる保育者という「人」の存在も，とても重要である。✿

かかわりから芽生える表現

1 ■ 触れ合い遊び

　「表現」というと，絵や歌やダンスなど作品的なものをイメージする人も多いだろう。しかし，子どもの表現は，作品としてまとめる必要はまったくないし[8]，意味を求める必要もない。それを問わないで行ったときのほうがワクワクする[9]。友だちと身体を使って楽しく遊ぶなかで，実は互いに表現し合ったり，受け取り合ったりしている。保育者の立場としては，「(無意識を含む)子どもの心の動きの表れ・表現」を察知し感受することが必要であり，これが保育者の「表現力」のひとつであるともいえる。

　まずは，「受け取る」「感じる」ことを意識しながら，身体で遊んでみる。

Work 1　ペアで全身ジャンケン

① 2人でひとつの手になり，2人対2人で対戦する。2人とも座ったら「グー」，2人とも立ったら「パー」，ひとりが座ってひとりが立ったら「チョキ」とする。
② 相手チームと対面して立ち，「最初はグー」に合わせて3拍小さく弾み（「グー」では小さく屈む），「ジャンケン」の2拍も弾み，「ポイ」で立つ，または座る。その都度，チーム内で相談せずに行う。
③ 相手チームを見て反応してしまうのを防ぐため目を閉じて行い，「ポイ」のところで目を開けるようにする。また手をつないで行うことで，「立つ・座る」ときの意図と行動の一致・不一致を身体で感じることにもなる。

　「ペアで全身ジャンケン」を実際に行うと，パー（またはチョキ）は，「立つ」だけでよいのに，立ってさらに両手両足を大きく広げる人が多いことが非常におもしろい。これは，子どももおとなも同じである。「パー」は心も身体も自ずと開放する。

---

8) 大場牧夫『保育内容「表現」論』ミネルヴァ書房，2006
9) 近藤良平『からだと心の対話術』河出書房新社，2011

Work 2　ハイタッチ・ロータッチ

① 大勢で歩きまわり，目があった人と次々にハイタッチをする。
② ハイタッチ・ロータッチにチャレンジ。腕を高く伸ばしてハイタッチしたあと，水泳の腕伸ばしクロールの要領で前方から振り下ろしてきた手をそのまますれ違いざまに下でもタッチする。はじめは手を見て確認しながら，慣れたら手を見ずに行う。互いのタイミングがバッチリ合い，成功したときには喜びと達成感が味わえる。

歩くスピード，手の高さ，タッチの強弱とその感触，表情，手の温かさ，（ときには）掛け声などはどうだっただろうか。これらはすべて表現である。ハイタッチは身体や心の動きが互いに影響を与え合う[10]。自ら無理に表現しようとしなくても，相手の表現を受け取りながら，ただ楽しく「かかわろう」とするだけで，それに伴う動きが自然な表現になる。展開として，明るく元気な曲，寂しい曲，クールな曲，ムーディーな曲などをかけ行う。曲の雰囲気により，表情や歩き方からはじまりタッチの仕方までガラリと変化する。

写真5-3-1 ●ハイタッチ・ロータッチ

Work 3　コピー人間

① Aがポーズをとり，ほかの者はその真似をする。
② Aがポーズをとり，Bは目を閉じて待つ。CがBの身体の部位を動かしてAと同じポーズをとらせる。Cが「できた」と言うまでBは目を開けない。
③ Aがポーズをとり，Bは目を閉じたまま，Aの身体に触ってポーズを確認する。Bは目を閉じままAのポーズの真似をし，「できた」と言って目を開ける。

写真5-3-2 ●触るだけでポーズをコピー

---

10) 近藤良平『からだと心の対話術』河出書房新社，2011

「足を広げて立つ」や「大仏のように座る」のように言葉で説明できるポーズは記号的表現となり驚きと発見につながりにくいため，言葉でうまく説明できないような複雑なポーズがよい。したがってWork3①では，しばらく子ども同士で行ったあと，保育者が「こんなポーズはできるかな？」と複雑なポーズを提示するとよい。
　②③は，①やWork2のハイタッチ・ロータッチに比べて心理的なハードルが高い遊びである。とりわけ思春期の児童・生徒が行うのはむずかしいが，幼児または大学生以上であれば楽しく行えるだろう。身体接触を極端に嫌う者への配慮（①ならできる）や，顔や局部ほか各自により触れられたくない部分に対しては自らはっきりと「ストップ」を言うなど，留意点は前もって説明する。性別や年齢によって（もちろん個人によって）触れられてもよい許容の度合いが異なるが，これも「自分と他人とでは感じ方が違う」ことを知る大変よい機会となる。また5歳くらいからは，目を閉じている側が「ここは触らないように気をつけよう」とか「痛い思いをさせないように気をつけよう」などのように慎重になるため，非常に繊細に丁寧に「他人に触れる」体験ができる。
　②③の展開として，モデルひとりに対し複数名がBやCの役を行えば，出どころが同じでも，とらえ方・表現の仕方が多様であることに気づくことができておもしろい。

2 ■ 頭を使う遊び

　自分の感じたように，考えたように表現することは楽しいが，それが他者に伝わらないことも当たり前のようにある。そこからさらに「どうしたら伝わるだろう」と考えたり工夫したりすることにつながる。またひとりでもつくれるところをあえて友だちと一緒に創作することで，新たな発想に気づくことができたり，思いもよらない作品に仕上がったりする。個々のイメージの〈足し算〉ではなく〈掛け算〉になる楽しさが「友だちとつくる」ことの魅力である。

Work4　みんなでひとつの真似っこ遊び

① 2人でひとつのものになりきる（動物，数字，アルファベットなど）。
② 4〜5人でひとつのものになりきる（動物，乗り物，遊園地にあるものなど）。

写真5-3-3 ●左：メリーゴーラウンド，右：ふたこぶらくだ

①では例えば，数字の「1」やアルファベットの「A」「P」「T」，動物のウサギ，ゾウ，キリンなどはひとりでもできるが，それをあえて友だちと一緒に創作することで頭を使い，さらにコミュニケーション，スキンシップにもなる。②のテーマは「ウマ」「観覧車」など具体的なものではなく，「何にしようか」と子どもが選択できるようなものにする。「こっちのほうがつくりやすそうじゃない？」「でも，ほかのチームも同じのやりそうだよ」などと相談しながら行うことができる。正解がすでにあるのではなく，「正解は自分たちでつくりだす」ものであり，そこに向かう過程で協働し合う。また，自分の身体が素材となることから，瞬時にやり直しができたり，自在に変形させることができたりと利便性が非常に高い。

写真5-3-4 ●即興でできあがった"結婚式"

さらに，メリーゴーラウンドのように動きのあるものであれば，ポーズではなく動いてみたり，「音楽も流れているよね？ みんなでうたおうよ」などと自身の体験に基づくクリアなイメージを頼りに，表現を装飾して展開していったりもする。

さらに展開として，5～10名程度で即興表現「群像」を行う。順番を決め，最初の人がテーマ（リーダーまたは別のチームが考えたもの）に基づいたポーズをとる。次の人は最初の人のポーズを踏まえ，さらに自分なりのポーズをとる。同様に一切相談せずに順次ポーズをとっていき，最終的にワンシーンができあがる。各自のもち時間は5～10秒と短いほうがよい。思いつかなくても瞬発的に否応なしに何かしらの表現をしぼりだすところに，予定調和ではないおもしろさが生まれる。

テーマは具体的な形のあるものではなく，「運動会」「結婚式」などの行事や「情緒あふれる秋の風景」「クールな大都会」「あふれる青春」などのようにイメージが無限に広がるようなものを選ぶとおもしろい（写真5-3-4）。一方で，相談せずに即興で表現するため，自分の前の人の表現を「おそらくこれだろう」と想像しても，実際には違うことを表現しているため，それが連想ゲームのようにどんどん違ったものに勘違いして展開されていくこともよく起きる。ここでも「なるほど，そういう表現だったのか」と人それぞれの考え方，解釈の仕方が異なることに気づく。

Work5　おもしろ表現カード

① 1枚のカードであてっこ：名詞カード（写真5-3-5）やオノマトペカード（写真5-3-6）を保育者が1枚引く。子どもたちは2人組になり、一方だけがそのカードを見て、身体で表現（ジェスチャー）し、もう一方があてる。導入として「全員がカードを見て全員がなりきる」ことを数回行ったあとに、あてっこに入るとよい。

② 組み合わせであてっこ：名詞カードとオノマトペカードを各1枚ずつ引き、組み合わせて行う。「ふわふわな滑り台」「ねばねばの新幹線」「ペラペラの象」など、おかしな組み合わせで難易度が上がると同時におもしろさが激増する。

写真5-3-5 ● 名詞カード

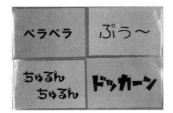

写真5-3-6 ● オノマトペカード

　展開として、「ミニ群像」を行う。例えば、「ウサギ」と書かれた名詞カードを引いた場合、一方がウサギを表現したとしたら、もう一方は子ウサギを表現したり、なでてみたり、飼育係を表現したり、ウサギの糞のように小さく丸くなってみたり、さまざまな表現（関係性）を楽しむことができる。「ウサギ＝自分」から「ウサギと自分」、さらに「ウサギと誰か（何か）」というように、子どもにとっての人称・視点に対する理解の変化にも保育者として気づいてほしい。✿

第 6 章 環境との応答
―空間・場と相互作用した表現

> **本章で学ぶこと**
>
> 子どもを取り巻く環境には、さまざまな空間や場がある。子ども自身がその空間や場に働きかけたり、空間や場が子どもの表現に作用したりすることもある。保育者による環境の構成が重要であることはいうまでもない。一方で、環境と応答し合うのは子ども自身であり、子どもが生み出す表現によって、環境をつくりあげているのである。本章では、そうした環境との応答を通して、表現を生み出す過程を実践的に探究する。さらに、園生活において子ども自身がどのように環境と応答し合い、相互作用しているか、事例を通して検討し、学びを深める。

1 環境の音
―サウンドスケープとサウンド・エデュケーション

　まず、子どもが身の回りの音をよく聴いていることを示す事例を紹介する。
　筆者が週に一度、同じ時間に訪問する幼稚園がある。いつものように訪問し、保育室に向かっていると、遠くから「先生来たー！」という子どもの声が聴こえてきた。筆者がそのまま保育室に顔を出すと「やっぱりー！」と、満足げな様子がみられた。「どうして先生が来たってわかったの？」と筆者が質問すると、「スリッパの音がしたから」と子どもたちは答えた。
　この園では、保育者は室内用スニーカーを履いている。しかし、筆者はいつも来客用のスリッパを履くため、ほかの先生とは明らかに異なる足音・歩き方をしていたのだろう。このエピソードからは、特定の時間に来訪する筆者の足音を予期し、スニーカーとスリッパの足音とを聴き分けている子どもの姿があるといえる。
　このように、子どもたちは、環境とかかわりながら日々何かの音を聴いている。例えば、保育者や友だちの声、保育室のおもちゃの音、園の近くを走る車の走行音、風や雨といった自然音などがあげられる。すなわち、園が意識的・無意識的に用意した環境によって、子どもを取り巻くことになる音は大きく異なるのである。さらに、ある子どもにとっては意味のある音が、ある子どもにとっては意識されたことのない音であるように、子どもの「聴く」という行為には、一人ひとりによって大きく違いが

あることを，まずは前提として踏まえておきたい。

　環境の音を考えるにあたって，カナダの作曲家マリー・シェーファー（R. Murray Schafer）によって1960年中頃に提唱された語「サウンドスケープ（soundscape）」は，重要なキーワードである。風景を表す英単語であるランドスケープ（landscape）の「land」を「sound」に入れ替えた造語であるサウンドスケープについて，シェーファーは「個人，あるいは特定の社会がどのように知覚し，理解しているかに強調点の置かれた音の環境」と定義した。音の空間や，環境，その場で聴いている人との関係性や状況など，音と人と環境とを結ぶさまざまな示唆や可能性に富んだ理念・概念として，サウンドスケープは今日の日本の教育，建築，環境問題など，多岐にわたる分野で用いられている。

　その後，シェーファーは「体験を伴わない活動は活動ではない」という考え方と，「実際に聴くことがなにより重要である」という考え方を基本理念に据え，人が音に耳を傾けて聴くことができるようになるためのプログラムとして，サウンドスケープ教育の課題集である『サウンド・エデュケーション』を出版した。同書は，身の回りの音に着目した課題や，静寂を扱った課題，擬音語に関する課題などの100の課題を提示している。では，その課題集を子ども向けに書き直した『音さがしの本　リトル・サウンド・エデュケーション』を参考にした次のWorkに取り組んでみよう。

Work 1　1分間，耳をすましてみよう

その場で1分間，耳をすましてみよう。その1分間で聴こえてくる音を，ノートなどに次々に書き込もう（1分間が終わってから書くのではない）。

① 聴こえてきた音を分類する。分類方法は，例えば次のような分け方がある。

a）自然音・人間が出していた音・機械の音　b）一度しか聴こえなかった音・繰り返していた音　c）他人が出していた音・自分が出していた音

② 1分間で次々と書き込んでいたとき，自分も含めて近くの人の書き込む音も発生していたはずである。自他が紙に書き込む音は，聴こえていただろうか？

③ あなたが生きている限り鼓動を続ける心音は，この活動では聴こえただろうか？

① 環境の音－サウンドスケープとサウンド・エデュケーション　75

Step up 1　場所を変えて

場所を変えれば，聴こえる音は変わる。大学の門の前，構内のベンチ，体育館や食堂，ピアノの練習室などの場所で同様の実践を行うのもよいだろう。今度はグループになって，次のような手順で進める。

① その場所ではどのような音が聴こえると思うか，話し合う。

② 実際にどのような音が聴こえるか，その場所に行って調査する。

③ その場所で一番おもしろいと感じた音をスマートフォンなどで録音する。

④ 録音してきた音をグループごとにクイズ形式で発表し合う。

Step up 2　季節の音をつくろう

ここではあなたの考える「季節の音」をつくってみよう。自然の中からでも，家の中からでも構わない。例えば，秋の音であれば，木の葉を舞い上げる音や，秋刀魚を焼く音などがあげられる。「聴く」という行為は極めて個人的であるから，ここで重要なのは，あなたが季節を感じる音をつくりだすことである。

Work2　サウンドマップをつくろう

大きな模造紙をグループごとに用意し，次の手順でサウンドマップを作成しよう。

① 用意した模造紙に上から見た構内の建物を書き込もう。

② それぞれグループごとに担当する場所を決め，音を聴きながら歩く活動（サウンドウォーク）を行おう。

③ サウンドウォークの最中は，できる限り多くの音を集めよう。

④ 集めた音を，模造紙に書き込もう。その際は，できるだけさまざまな形と色を使って表現しよう。文章で記入することは避け，どのような音だったか覚えておくための説明文は別に控えておくほうがよい。

⑤ 完成したら，それぞれのグループごとに「おすすめの音はどこで聴こえる音か」「もっとも静かな場所はどこだったか」など，サウンドマップを使ってほかのグループにプレゼンテーションをしよう。

Work2の活動では，グループの数だけ異なるサウンドマップが完成したはずである。さらにグループ内でも，個人個人の聴き方が異なり，聴こえた音を表現する方法もまた，一人ひとり異なることに気づくのではないだろうか。

　このように改めて身の回りの音に耳をすましてみると，意識していなかった音の多さに気づく。今まで気づいていな

写真6-1-1 ● 子どもがサウンドマップを作成している様子

かった音の魅力をみつけた人もいるかもしれない。われわれは音の洪水のなかに生きていながら，無意識的に多くの音を意識から排除し，自分が聴きたい音，聴くべき音を選択して聴取しているのである。

　では，子どもにとって「よい音」がある環境とは，いかなる状況であろうか。環境の音を聴いている，と一口に言っても，実際には計り知れないほどに多様な子ども一人ひとりの聴き方によって，音との関係性を築いているとすれば，「よい音」もまた，一人ひとり違うことになる。そう考えると，保育者は，さまざまな音がある環境を用意するだけでなく，さまざまな音に耳を傾ける活動についても考える必要がある。

　次に，幼稚園における事例を紹介する。

事例 音の探検隊になろう—サウンドウォーク（5歳児）

「1分間，静かに耳をすましてみましょう。どんな音が聴こえるかな？」と子どもに声をかけ，保育室の中で聴こえる音を聴く活動を行った。1分が経過したあと，どのような音が聴こえたか質問したところ，次の回答があった。

椅子の音，くしゃみの音，せきの音，遠くで鳴る音楽，M先生（他クラスの保育者）の声，友だちの声，じーじーという音（空気清浄機の音），机の音，口の音，足の音，エアコンの音，コンという音（机に足がぶつかった音）　　計12種

次に，K幼稚園を上から見た地図が描かれた大きな模造紙を見せ，現在いる保育室の場所を示した。そして「今日は，みんなに音の探検隊になってもらいます。音の鳴った場所を覚えて部屋に戻ろうね」と声をかけ，子どもたちは音を聴きながら園内を自由に歩いて「サウンドウォーク」を行った。

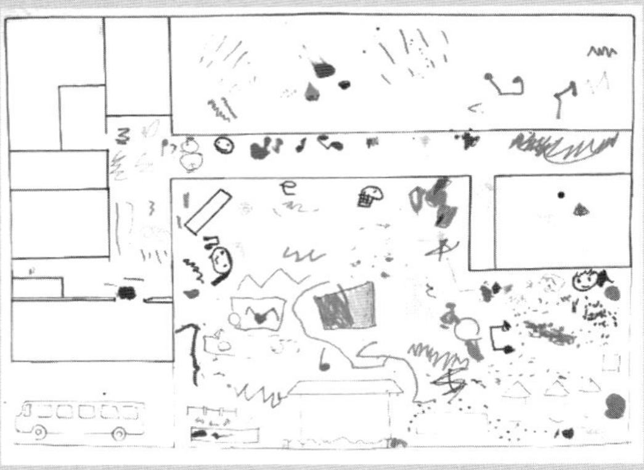

図6-1-1 K幼稚園のサウンドマップ

保育室に戻ってきたあと，子どもたちに「音が聴こえた場所に自由に絵を描き込んでみよう」と声をかけた。それが図6-1-1である。

　図6-1-1からもわかるように，子どもたちは思い思いの描き方で模造紙に記入している。どのような音だったのかは描き込んだ本人しかわからないようなイラストも見られる（もしかしたら本人にもわからないかもしれない）。

　そのあと，このサウンドマップを見て，そこにある音を聴きにいく子どもの姿が見られた。しかし，当然その音はそこに行けば絶対に聴けるものではなく，これはあくまでサウンドウォークのときに捉えた音である。そうして子どもたちは，音は一回きりで，その瞬間にしか存在し得ないという一過性の特質があることを体験したのではないだろうか。❀

2 子どもたちと一緒につくりあげる保育環境
－日常の空間を美的空間に

1 ■ 「表現すること」を日常の遊びにする環境づくり

　子どもたちは「ふと思いついたこと」を描いて誰かに伝えたり、「いーこと考えた！」とアイデアを形にしたりといった〈表現すること〉自体が、たいへん楽しい遊びのひとつとなっている。日常の保育のなかでは、このような創造的な遊びが〈好きな時間に存分にできるような環境づくり〉を考えることがとても重要である。

　A幼稚園には、子どもたち自身が自由に設定できる造形コーナーがある。保育者は、生活素材やリサイクル素材が入った廃材ボックスと、ペンやはさみ、ホチキス、さらに簡単に使える紙類などが入った道具セットを準備する。子どもたちがつくりたいときに廃材ボックスと道具セットを好きな場所に持ち出すことで、造形コーナーが誕生する。知らない間に持ち出されることが心配という場合には、使ってよい時間以外は布をかけておくなど簡単なルールを設けると、子どもと保育者がともに気持ちよく遊ぶことができる空間が生まれる。

◀写真6-2-1 ● 子どもたちが家から「なんか使えそう」な素材を毎朝持ってきてせっせと入れてくれる廃材ボックス

写真6-2-2▶ ● 道具セットは市販のお化粧道具入れなど持ち運びしやすい容器を使用

写真6-2-3 ● 連日にぎわう造形コーナー

Work 1　造形コーナーを考えよう

造形コーナーにあったらよいと考える素材や道具をあげてみよう。
① 素材別にあげてみよう。
② 安全管理も考えながら子どもが使える道具を考えよう。

2 ■ つねにつくり続けて進化していく環境

　子どもに一番理想的な環境は，〈おとなの都合で勝手に遊びが終わらないこと〉である。子どもの興味が続く限り「片付けること」を強いられず，次の日も前の日の続きから遊べるような環境づくりを実践しているB幼稚園を紹介する。

　B幼稚園は，好きな遊びの時間を中心として，常に子どもの主体性を尊重し，興味・関心に寄り添った自由度の高い環境づくりを実現している。特に廊下が広いので，そこに素材や玩具をたくさん持ち込んだ遊びを展開している。保育室の中だけに収まらない自由な遊びは，給食を食べるなどの生活スペースに邪魔されることなく，遊びが長く続き，クラスや年齢の垣根を超えてどんどん広がっていく。廊下をさらに段ボールなどで仕切り，子どもたちだけの空間が出来上がっていった。

写真6-2-4 ● 廊下をうまく使った環境。保育室から続く廊下の遊び場

写真6-2-5 ● 片付けなくてよいため明日も遊びの続きがすぐできる環境

3 ■ 環境としてのロッカー
　　　――使い方は自由：自分だけの世界が広がるロッカー

　近年は，縦割保育やコーナー保育など，さまざまな保育形態が存在する。保育形態の変化から，以前使っていた道具箱やロッカーなどを使わなくなったという園もあるだろう。使わなくなったもの，新たに必要となったものなど，保育者の工夫やアイデアを駆使しながら，時代とともに変化する環境づくりが求められている。

　C保育所のロッカーは，道具箱入れと荷物入れと上下二段に分かれているタイプである。個人持ちの道具箱がないC保育所では，上段の小ロッカーが空きスペースとなるため，子どもたちはそこを思い思いに有効活用している。例えばその日につくったものを入れておいたり，手紙をこっそり置いたり，自分でつくった「生き物」が住んでいるお家にしたりなど，それぞれのロッカーをのぞくと，その子どもらしさが垣間見える素敵な空間となっている。

◀写真6-2-6 ● 縦長のロッカー。上の小さい空間は子どもたちの自由にしてよい夢のようなスペース

写真6-2-7 ● さまざまな生き物が住んでいるロッカー

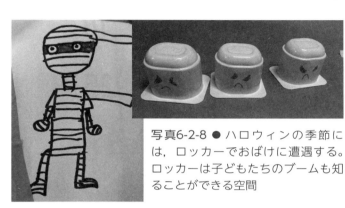

写真6-2-8 ● ハロウィンの季節には,ロッカーでおばけに遭遇する。ロッカーは子どもたちのブームも知ることができる空間

写真6-2-9 ● 乗り物好きのN児のロッカーには特に好きなゴミ収集車が停車している

写真6-2-10(左) ●『おんなのこのざっし』創刊号。ここから何号か続くだろう

写真6-2-11(右) ● ラブレターを発見!「たくみくんだいすきおとなになったらいっしょに"でいと"にいこう」!!

　D幼稚園のあるクラスでは,子どもたちの荷物の保管方法を変えたため,大きなロッカーが丸々使われなくなった。そこで,保育者はそのロッカーを廊下に設置した。子どもたちがつくりかけたものや,つくり終えたものをしまうだけでなく,廊下を通るほかの子どもたちも見ることができる「箱ギャラリー」となった。ほかのクラスの子どもが見たり取り出して遊んだり,友だちのアイデアに触発されてまたつくっ

② 子どもたちと一緒につくりあげる保育環境-日常の空間を美的空間に

写真6-2-12 ● 見せる「展示」としてのロッカー：一見雑多に押し込まれているようにも見えるがすべて大切な宝物

写真6-2-13 ● ロッカーギャラリーに憧れたほかのクラスの子どもたちは段ボールで代用した

たりと，ロッカーという環境を介して，子どもたちの創造性を互いに刺激し合う場となっている。

4 ■ 子どもとつくる環境

　保育者になったら，「季節の壁面」のような装飾物をつくって掲示しなければならない，ということは決してない。壁面づくりに時間を使うよりも，子どもたちと一緒に有意義な遊びの時間を過ごしたほうがよい。遊びのなかでも十分に「季節」を味わうことができるだろう。しかし，あまりに壁面が殺風景になるのであれば，子どもたちがつくったものや描いた絵などを飾るギャラリーにするとよい。〈子どもたちの声がたくさん聞こえるような空間づくり〉を目指そう。

　前述したA幼稚園では，「造形コーナー」で描いたりつくったりしたものを，クラスの壁面ギャラリーに展示している。もちろん，希望者のみであり，全員が飾らなくてもよい。飾るためにせっせとつくる子どももいる。つくったものを見てもらえることがうれしいのはもとより，お迎えの保護者にもその日に起こった出来事を紹介することにもなり，好評である。

　保育環境は，そこにいる保育者と子どもたちが試行錯誤しながら一緒につくり上げていく空間である。一日の半分を過ごすことも多い空間のため，できるだけ居心地がよく，子どもたち自身の思いが反映された環境であることが大切である。❀

写真6-2-14 ●壁面をギャラリーに！

Work2　壁面ギャラリーをつくる

どのような壁面ギャラリーになるか，考えてみよう。
① 実際に，紙や廃材でつくってみよう。
② つくったものを教室の壁に貼って，ギャラリーにしよう。

② 子どもたちと一緒につくりあげる保育環境－日常の空間を美的空間に

創造的な音楽活動と環境

「幼稚園教育要領解説」[1], 領域「環境」の内容に次のような明示がある。

> (8) 身近な物や遊具に興味をもって関わり,自分なりに比べたり,関連付けたりしながら考えたり,試したりして工夫して遊ぶ

また,その解説文として,

> 身近にある物を使って工夫して遊ぶようになるためには,教師は,幼児が心と体を働かせて物とじっくりと関わることができるような環境を構成し,対象となるその物に十分に関わることができるようになることが大切である。幼児は,手で触ったり,全身で感じてみたり,あることを繰り返しやってみたり,自分なりに比べたり,これまでの体験と関連付けて考えたりしながら物に関わっていく。このような関わりを通して,幼児は物や遊具,用具などの特性を探り当て,その物や遊具,用具などに合った工夫をすることができるようになる。

第3章③で触れた感性と創造性の往還は,身近なものや楽器を使用して,探索的に音を出したり,自由に即興表現したりすることや,音楽の仕組み,五音音階などを使用して,創造的な音楽活動を行うことによって育まれる。このことから,特に「物や遊具,用具など」の捉え方について,領域「環境」と,感性と創造性の往還に共通点を見出すことができる。また,上記解説にあるように,「対象となる物に幼児がじっくり関われるよう」保育者はその環境を構成することが大切である。

子どもを取り巻く環境について,アフォーダンス (affordance) という視点から考えることもできる。アフォーダンスとは,アメリカ人の心理学者ジェームス・ギブソン (James J. Gibson) が,英語の動詞のアフォード (afford:与える,提供する) から生み出した造語で,環境が人や動物に提供する行為の可能性である[2]。例えば,水は飲むことをアフォードしているし,ビー玉は転がすことをアフォードしている。また,身近な者から探索的に音を出すという視点に立つと,水やビー玉は,音を出す

---

1) 文部科学省「幼稚園教育要領解説」2018
2) 佐々木正人『アフォーダンス入門―知性はどこに生まれるのか』講談社,2008

ということもアフォードしている。おとなは，これまでの経験からくる固定観念で，身近なものがアフォードする音を出すという行為に抵抗感を感じてしまうかもしれない。ただ，子どもはよい意味でこの経験に乏しい。木下[3]は「子どもは大人よりも，音の出せるモノのアフォーダンスを探求する存在であり，その意味において大人よりクリエイティブな存在かもしれません」と述べている。この子どもの視点に立つことが何よりも重要である。

アフォーダンスに触れたうえで，第3章③のWork 1にもう一度取り組んでみてもよい。その際に，身近なものや楽器のアフォーダンスを童心に帰って感じ取り，表現につなげることがポイントである。

Work 身近なもの・楽器，音楽の仕組み（五音音階を使ったアンサンブル）

4～6人程度のアンサンブルをつくる。第3章③，第5章①で学んだことを活かし，身近なもの・楽器，音楽の仕組み，五音音階を使用して，アンサンブルをつくってみよう。既製の楽器にこだわらず身近なものを使用してつくろう。屋内でもよいし，屋外へ楽器を持ち出してもよい。多様な身近なもの・楽器のアフォーダンスを感じ取り，取り組んでみよう。

作品例1

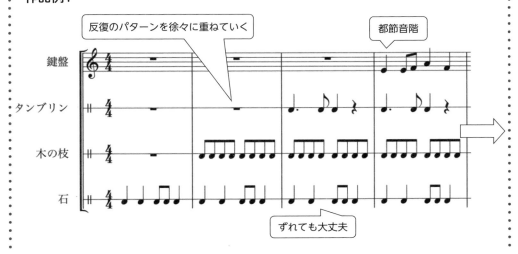

3）木下和彦「音・情報に誘われる体」槇英子・末永昇一・木下和彦『ふしぎだね。きれいだね。たのしいね。体験から学ぶ―領域「環境」「表現」に関する専門的事項』学校図書，2021，pp.20-22．

第7章 文化との出会い
―児童文化財，伝承遊び，行事にみる表現

> **本章で学ぶこと**
>
> 子どもは幼稚園などで，季節ごとの行事や児童文化財，伝承遊びを通して，日本や諸外国の文化に触れている。本章では，さまざまな文化や文化財を理解し，子どもに応じたそれらの活用について考えるとともに，子ども自身が文化を生み出す主体であることにも触れたい。そして，子どもが多様な文化と出会うことによって，思考力や想像力を育むとともに，心を揺さぶり表現する意欲にはたらきかけ，他者とイメージを共有したり伝え合ったりすることを楽しむことができるようにするために，保育者として身につけたい表現について学びを深める。

1 児童文化とは

　みなさんは児童文化という言葉を知っているだろうか。『現代保育用語事典』によれば，「児童に対して意識的につくられ行われる文化的営為に，児童自身による文化的活動も含めて」[1]児童文化という。つまり，大きく分類すれば，"おとなが子どもに与える文化財"と"子どもがつくりだし発展させる文化"の2つの側面が，児童文化にはあることがわかる。ここでは，まず児童文化財を知ることから始めたい。

　児童文化財とは，「子どもを対象にしておとなが創造し生産した文化財や子ども自身がつくりだす文化財のこと」をさし，このうち「物体として表現されたものを有形文化財，技術として表現されたものを無形文化財と区別して分類」している。「有形文化財には，玩具，絵本，図書，紙芝居，映画，スライド，レコードなどが含まれ，無形文化財にはストーリーテリング，舞踊，演劇，遊びなど」[2]が含まれている。

1 ■ 子どもとつくる文化・文化財

　子どもの気持ちに寄り添い，子どもの気持ちを想像できるように，まずは，自分が

---
1) 岡田正章他編『現代保育用語辞典』フレーベル館，1997
2) 上野辰美・竹内通夫編『改訂新版・現代幼児教育小辞典』風媒社，1991

育ってきた環境や文化，社会など，自分の子ども時代を振り返って，自分史新聞を作成してみよう。

Work 1　子ども時代を振り返り，自分史新聞を作成してみよう

乳児期・幼児期・学童期・青年期に分けて，以下の内容を含めて作成してみよう。

手　順

① 社会的な出来事：各時期に起きた思い出の出来事をあげてみよう。

② 児童文化にかかわる出来事：玩具や絵本，テレビ番組などについてあげてみよう。

③ ①と②であげたことに関連づけながら，各時期に自分が好きだった児童文化財とその理由をあげてみよう。

④ これらをまとめて，グループごとに共有してみよう。

　社会の変化によって流行は生まれては消えていくものだが，自分史新聞を作成してみると，きっと自分の心に残った社会的な出来事や，児童文化にかかわる出来事をあげたことだろう。そして，それに関連づけて自分が好きだった児童文化財をあげるとなると，同世代を過ごす仲間同士であっても，興味や関心は異なっていたのではないだろうか。さらに，ここであげた児童文化財は，おとながつくりだした文化財だっただろうか，子ども自身がつくりだした文化財だっただろうか。Work2では，子ども自身がつくりだし，即興的に遊ぶことによって，それ自体が文化となっていくペーパーパペットプレイ（以下，「PPP」という）を紹介したい。

　PPPは，三上[3]によって命名され，紙素材で作成したパペットを用いた即興劇遊びである。三上は自身の卒業論文で，おとなが子どもに与えるだけでない，子ども自身が即興的に遊びながら，文化をつくりだすことに着目してPPPを実際に保育現場で実践し，その分析を通して，保育における人形劇を用いた遊びの可能性を検討している。ここでなぜ，パペットシアターではなくパペットプレイなのか，と思った読者もいるだろう。最後の「プレイ」には，「演じる」という意味と「遊び」の意味の2つが込められている。つまり，決められたお話に沿って「演じる」のではなく，子どもたちが自由に「遊び」ながら即興で人形劇をつくっていく，そんな思いが込められている。

---

3) 三上泰穂・駒久美子「保育における人形劇を用いた遊びの可能性『ペーパーパペットプレイ（PPP）』の実践研究」『千葉大学教育学部研究紀要』第72巻，2024, pp.39-44.

ここで使用した封筒の色は6種類であったが，封筒の一般的な色である白や茶を除いている。それは，封筒本来の用途とは異なるパペットをつくることによって，自由な発想を引き出したいからである。

　この活動は5歳児を対象として実施している。全体として1時間程度のワークショップとなっており，おおよその流れは，導入「つくる」（20分），「演じる」（30分），片付け「終わりのあいさつ」（10分）であった。また，「つくる」と「演じる」には，明確な境界を設けず，子どもが自由に行き来し，「演じる」途中に，また新たなパペットを「つくる」ことも可能となっていた。多くの子どもが2つ以上のパペットをつくり，青色封筒では，魚，ペンギン，トカゲ，ロボット，チンアナゴ，黄色封筒では，タコ，屋台のおじさん，ネコ，緑色封筒では，カエル，チンアナゴ，パンダ，ピンク色封筒では，ウサギなどが見られた。そして，その演じ方も，封筒に手を入れて指穴から指を出す演じ方だけでなく，封筒上部を手で持って糸あやつり人形のように動かしたり，封筒を手で持って相手に向けて，ペープサートのように動かしたりといった演じ方の工夫も見られた。みなさんはどのような演じ方になっただろうか。

Work2　実践！　ペーパーパペットプレイ

三上の実践例をベースに，封筒を使ってパペットをつくり，つくったパペットを使って即興で遊んでみよう。

準備するもの

・封筒（色6種×大きさ：長形3号及び長形4号サイズ2種　計12種）
・折り紙（切ったもの）・丸いシール・ペンか色鉛筆・ハサミ　など
・色柄の異なるテーブルクロスなど大きな布

手　順

① つくりたいパペットを考えて封筒を選ぶ。
② 封筒の向きや長さ，指穴の有無を考えて指穴を切り取る。
③ 折り紙やシール，色鉛筆などでパペットの顔や耳，洋服などをつくり，パペットを完成させる。
　※パペットづくりから即興劇へと自然な流れで移行できるよう，即興劇の舞台に見立てる机にクロスをかけ準備しておく。
④ 出来上がったパペットを使い，互いにあいさつしたり語りかけたりして，子どもの即興的で多様な表現を引き出せるようにする。

① 児童文化とは　89

 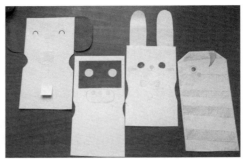

写真7-1-1 ●三上作成　　写真7-1-2 ●実際に保育所のワークショップで使ったサンプルのペーパーパペット

　パペットには，封筒側面に指を通す指穴をあけている。写真7-1-2の一番右はニシキアナゴであり，ニシキアナゴは直線的な身体のため，指穴をあけずに表現している。

> **Step up　音楽をつくって即興劇に取り入れてみよう**
>
> **方法**
> 第5章①で学んだ，五音音階を使って繰り返しの音楽をつくって，即興劇に取り入れてみよう。

　さらに，第3章や第5章で学んだことを活かして，繰り返しによる音楽や，呼びかけとこたえによる音楽をつくって，劇に取り入れることによって，自分たちで楽しんでいる即興劇から，そのまま「鑑賞するための」劇へと発展させることができる。

2 ■ 行事にみる子どものつくりだす文化

　では，実際に行事において，子どもたちはどのような文化をつくりだしているだろうか。ある園では，遠足として人形劇の観劇を行った。園に戻った子どもたちは，観劇した人形劇のように自分たちも人形をつくって遊んでみたいと思い，保育者はその遊びがそのまま，行事（子ども会）へとつながるよう必要に応じて援助した。その事例を紹介する。

> **事例** 子ども会で人形劇を発表する（5歳児，2月）
>
> 子どもたちがつくった人形は，大型のあやつり人形である（写真7-1-3）。人形の手や羽に紐をつけ，それを棒で操る仕組みで，それぞれ独立して動くようになっている。人形本体は，新聞紙など紙素材を用い，表面はカラービニル袋を使っており，子どもたちにとって扱いやすい素材で作成していた。
> 自分がつくった人形をそれぞれが操作し，最後には全員で「みんなともだち」を替え歌にしてうたった。どの子どもの顔も笑顔であった。

写真7-1-3 ● 子どもたちのつくったあやつり人形

　この園のように，年中行事のひとつとして，人形劇などの観劇を企画する施設は多いだろう。こうした観劇を通して，子どもたちはおとなが子どもに与える文化財を享受（インプット）し，それを自分たちなりに取り入れ，どのような人形をつくろうか考えたり，表現をさまざまに工夫（アウトプット）したりして，新たな文化を形成している。

　ここでは取り上げていないが，園生活のなかで日々取り入れられる手遊びや絵描き歌も文化財のひとつといえる。手遊びや絵描き歌は，保育者にとっても，子どもにとっても可変性に富み，そのクラスの新たな文化を形成する文化財となり得る。そんな手遊びや絵描き歌の探究にもまた取り組んでみてほしい。✤

伝承遊びを知る・考える・つくる

　伝承遊びは，地域ごとのコミュニティで伝承されてきたものが多い。そのため遊び方は，地域や住む場所によって異なり，ルールは多様性を帯びる。近年，遊び場や遊び仲間の減少で，玩具メーカーは，遊び方やルールを明確にした玩具を提供している。決められたルールがあれば，誰とでもすぐに遊ぶことができるからである。

　本来，遊びとは自由なものであり，ルールに縛られずに遊ぶことで充実感を感じられるはずである。だから，ルールが設定されていないと遊べないという状況は，どこか矛盾しているように感じられる。また，遊びの発展という観点から，不完全さのなかにこそ新たな可能性を見出すことができる。もちろん決められた遊び方や設定されたルールにしたがって遊ぶことも大切であるが，伝承遊びのように不完全な遊びのなかで，自らルールをつくりだす発想力もまた，必要とされる力である。

　心理学者のフロイトは，「遊びの反対物は，まじめなものではなく，現実的なものである（中略）子どもは現実を積極的に自分たちの空想の中に取り込む。現実と非現実とを遊びのなかで混ぜ合わせ，現実の不快な経験を遊びのなかで克服する」[4]としている。また，森は，望ましいおもちゃについて「おもちゃらしくないおもちゃ，すなわち構造性の低いおもちゃが，子どもの遊ぶ力を伸ばすには望ましい」[5]としている。

　子どもの生きる力の源である想像力・創造力を伸ばすために，伝承遊びを見直していきたい。🍀

4）森楙『遊びの原理に立つ教育』黎明書房，1992，p.61.
5）同上 p.74.

表7-2-1　伝承遊びの分類

感覚遊び	砂遊び，粘土遊び，水遊び，氷遊び，山くずし，けんぱ，ゴムとび，なわとび
操作遊び	たこ揚げ，まりつき，コマまわし，折り紙飛行機，ビー玉，おはじき，お手玉，めんこ
運動遊び	鬼ごっこ，ろくむし，みちおに，竹馬，花いちもんめ，缶けり，ゴムとび，Sけん，長馬，ハンカチ落とし
象徴遊び	あやとり，丸山トッテンカン，字かくし，あした天気になあれ，影絵，かるた，絵描き歌，すごろく，草花遊び
集団遊び	鬼ごっこ（手つなぎ鬼，氷鬼，うしろ鬼），かごめかごめ，缶けり，陣取り合戦，にらめっこ，ろくむし，ゴムとび，通りゃんせ，かくれんぼ，あぶくたった，花いちもんめ，ことろことろ，Sけん，人形遊び

資料：森楙『遊びの原理に立つ教育』黎明書房，1992，p.91．をもとに筆者作成

写真7-2-1 ● たこ

写真7-2-2 ● まり

写真7-2-3 ● 伝統的なコマ

写真7-2-4 ● 中山人形　なまはげ

Work 1　回して遊ぶものを調べてつくってみよう

調査時間は5分とする。
調べた画像から構造をスケッチしてまとめてみよう。
グループで回して遊ぶものについて共有してみよう。
① グループ内で共通してイメージした形についてまとめよう。
② 伝統的なコマとベイブレードとの相違点は何だろうか。
③ 折り紙を使い，回して遊べるものをつくり，試してみよう。
④ 回転と色の関係（回転混合）について，③でつくったものを回して確かめよう。

Work 2　伝統的な人形について調べてみよう

調査時間は5分とする。
調べたなかから心惹かれる人形をスケッチしてみよう。
グループ内で伝統的な人形の魅力を紹介してみよう。
　① 形と色の魅力についてまとめよう。
　② どのような場面を想定してつくられたものなのか，考えよう。
　③ 人形と色の関係について，どのような色の組み合わせで塗られているか調べてみよう。

Step up　中山人形をつくろう

地域に伝わる伝統的な人形の由来などについて調べて，実際につくってみよう。ここでは，秋田県に伝わる中山人形（写真7-2-4）を取り上げる。
中山人形とは，秋田県横手市に伝わる民芸品である。明治時代初期より続く伝統的な技法による焼き物で，手作りによる素朴なフォルム，温かみのある表情，鮮やかな色彩が観る人の心を和ませる。雛人形や天神様，干支，秋田犬，かまくら，梵天など郷土色豊かな土人形がつくられている。最近ではキャラクターの人形もつくられている。軽くてやわらかい新素材粘土で，中山人形をつくってみよう。誰かにプレゼントする気持ちで考えてみよう。

用意するもの　新素材粘土（ここでは，超軽量でやわらかく伸びがよい粘土で，乾くとかたくなるものを使用），アクリル絵具，筆，パレット，バケツ

つくり方　QRコードを読み取る。

動画＋PDFデータ[6]

相互鑑賞　お互いの作品を観て，魅力的な部分について感想を伝え合おう。

---

6) https://chuohoki.socialcast.jp/contents/965

3 絵本や紙芝居，手遊び，折り紙を楽しむ

　絵本や紙芝居，手遊びは，活動の導入や活動と活動をつなぐときなどに用いられるものと思いこんではいないだろうか。絵本や紙芝居，手遊びは，保育の中心の活動として考えることができる。絵本や紙芝居，手遊びを選ぶとき，季節や行事，活用する時間帯はもちろんのこと，子どもの年齢や生活経験，どのような気持ちを味わったり思いめぐらせたりしてほしいのか考えることが大切である。

　ここでは，絵本や紙芝居，手遊びの特徴や活用の方法について学ぶ。

Work 1　絵本や紙芝居の特徴を考えてみよう

　絵本や紙芝居を手に取ってみよう。絵本には大きさ，形態，素材，枚数などさまざまなものがある。紙芝居は後述のように3種類の枚数があり，裏面には紙芝居を楽しむための演出方法などが書かれている。子どもたちが楽しむ様子を考えながら，それぞれの特徴をあげてみよう。

　絵本は，保育者の読み聞かせによってクラスでも，ひとりでも楽しむことができる。読み手の声によって絵本の世界を楽しむことや，好きな場面をじっくり見ることもできる。絵本は，絵によって想像力を膨らませ自分のなかに物語が展開されていく。

　紙芝居は，表に絵，裏に文章が書かれ，1枚1枚抜いてさし込むことで物語が進む。低年齢児を対象にした8場面，年中長児以上を対象とした12場面，物語をしっかり見せる16場面の3種類がある。また，演じ手と観客が向き合うことで，物語の臨場感が生まれる。さらに，舞台を使うことで特別感が増し，より紙芝居の世界にひき込まれる。裏には文章のほかに，演じ方，節回しや楽譜，1枚の紙芝居を引く位置や演出方法や，物語にかかわる説明，登場人物（動物）や事象，食べ物などに関する解説，作者の経歴なども書かれている。

　絵本や紙芝居の読み方や演じ方などによって，物語のおもしろさや印象は変化する。繰り返しの言葉やオノマトペの節回しとリズムを子どもたちと一緒に考

写真7-3-1 ● 紙芝居を楽しむ子どもたち

え，音や音楽的な遊びに発展させることもできる。好きな場面を描いたり，登場するアイテムをつくってみたりと，造形的な遊びにつなげることもできる。さらにごっこ遊びから劇遊びへと発展することも考えられる。

　絵本や紙芝居を味わうためには，物語に応じた読み聞かせや演じ方ができるよう準備することが大切である。そして，子どもたちが物語の世界の余韻を楽しめるよう読み終える。

Work2　みんなで絵本や紙芝居を楽しむ工夫を考えてみよう

　絵本や紙芝居をみんなで楽しむための，配慮や工夫について考えてみよう。どのような環境を構成することがふさわしいだろうか。集中することがむずかしい子どもがいたときには，どのような援助が考えられるだろうか。

　絵本や紙芝居をクラスで楽しむときには，物語に集中できるよう配慮する必要がある。読み手の背後にある掲示物を外したりカーテンを引いたりするなど，視界に入るものを少なくし，一人ひとりの顔が見えるか確認する。読み進めるなかで子どもに話しかけられたときは，うなずきながらも中断することなく進めていく。

　友だちを触ったり歩きまわったりする子どもへの配慮としては，床にビニールテープで足型をつくり，そこに足を置いて静かに過ごす時間であることを伝えたり，お気に入りの場所で過ごせるよう工夫するなどが考えられる。みんなでその時間を共有できるよう，子どもの気持ちによりそった配慮や工夫を心がける。

Work3　手遊びについて調べてみよう，考えてみよう，やってみよう

　①　ひとつの手遊びについて取り上げ，いつ，どのようなときに楽しむことがふさわしいか，調べてみよう。
　②　手遊びの手や身体の動き，歌い方など特徴について，調べてみよう。

　幼稚園などでの実習の際，手遊びは活動の導入として活用することが多い。しかし，手遊びはひとつの活動として楽しむことができる。手遊びをひとつの遊びとして捉えたときの活動の展開の可能性について考え，実践してみよう。ひとりで，ふたりで，グループで，と人数を変えたり，動きや歌い方を変化させたりすることで，新しい遊びに発展していく。

Work4 折り紙について調べてみよう，考えてみよう，やってみよう

季節や行事と関連した折り紙を調べてみよう。

　折り紙は古くから伝わる文化である。園では季節や行事に取り入れることが多い。クラスで楽しむとき，子どもが色を選べたり，折った折り紙の遊びや活用，展示方法を考えたりして，その子らしさが表現できるよう工夫する。指の力が弱い子どもには，折る回数や折り紙の厚さなどに配慮することも大切である。✿

ICT（情報機器）との出会い
―表現の多様性を知る

第8章

本章で学ぶこと

子どもを取り巻くICTの環境の変化はめざましく，幼稚園などでも直接体験の遊びを大切にしながらも，直接的な体験を補完するものとして活用することが求められている。子どもの表現にICTを取り入れるためには，保育者のICTのスキルが重要である。

本章では，表現に関して情報機器を効果的に活用するための考え方について理解する。また，ICTを導入する前段階での表現活動の実践や，ICTを活用することによって，子どもの表現を広げたり，表現を子どもの間で共有したりするなど実践を通して，表現の多様性を知ることについて学ぶ。

1　環境の音とICT－環境の音をサンプリングする

1 ■ 身近になるICT

　学校現場で「ひとり1台端末」という言葉が飛び交って久しい。小学校以降のほぼすべての学校と子どもにICT環境が整備された今，これまでの教育実践に先端技術をどのようにミックスさせるのか，教師と児童・生徒はICTをどのように活用していくのかが教育現場の大きなトピックとして問われ続けている。そしてその時代の流れは，保育にも少しずつ影響を与えている。

　ICT化が進む保育の例をあげる。ある園の3歳児以上のクラスでは連絡帳を廃止し，代わりに教職員全員が専用のスマートフォンを持ち，活動する子どもの様子を担任保育者が適宜撮影して，連絡帳の代わりとして毎日保護者宛に送付している。この園では，文字では伝わらない情報を写真によって即日伝達することに意義をおいた，子どもと保育者と家庭をつなぐ新しいコミュニケーションのツールとしての役割をスマートフォンにもたせている。同様の活用事例は今後，全国的にも拡大・発展していくであろう。

　佐藤[1]は，コンピューターを「教える道具」としてではなく，「学びの道具」ある

1）佐藤学『第四次産業革命と教育の未来―ポストコロナ時代のICT教育』岩波書店，2021

いは「探究と協同の道具」として活用する方法を探索する必要があると述べている。すなわち，ICTとは学ぶための手段として用いるのだから，どのように有意義に使うことができるのか，何の目的・目標を達成するために使うのかを我々は問い続ける必要がある，と言い換えることができる。また，ここまで身近な存在となったICTについて，活用する主体を保育者に限った議論だけではなく，子どもが主体的に活用することの可能性も検討されていくべきである。

ここでは，音を切り口にICTの活用方法について実践的に検討していく。

2 ■ ICTを活用して聴く・つくる

音をめぐる技術革新のひとつに，録音がある。スマートフォンで録音といえば，定番なのはボイスメモのアプリケーション（以下，アプリ）である。会議の議事録を残すために録音することや，自分の演奏を確認するために録音することもアプリで簡単にできるようになった。また，スマートフォンで動画を撮影すれば，必然的に音声も記録されるので，子どもの姿とともに，その場にどのような音が存在していたのかを波形として記録することができるようになった。

このような録音機能は，単に音を残して聴くことだけを目的とするだけではなく，録音した音を加工し，新たな音楽をつくりだすための素材とすることも可能である。特にDAW（Digital Audio Workstation）とよばれる音楽制作ソフトウェアは，スマートフォンやパソコンで使用することができるアプリとして，音楽の授業のみならず国語や歴史などの科目でも活用されており，日本だけでなく世界中の教育現場で愛用されている。

次に示すWorkに，Appleが開発・販売するmacOS／iOS用の初心者向けのアプリであるGarageBandに備わっているSampler（以降，サンプラー）を紹介する。iOSで動作するGarageBandのサンプラー機能は，身近な音を簡単に録音し，音楽をつくる素材にすること（サンプリング）ができる。準備として，Wi-Fiにつないだら，Apple StoreからGarageBandをダウンロード・インストールする（無料）。そのうえで，次ページに紹介するStepを経て，身近な音を使って8ビートをつくることを目指す。

今回のWorkでは，iOSで動作するアプリGarageBandを活用する。しかし，Androidのスマートフォンであれば，FL Studio MobileやCubasis，Windowsのパソコンであれば，Ableton Liveなどの音楽ソフトウェアも十分に活用することができる。

App Store

GarageBand
（2.3.14ver.を使用）

① 環境の音とICT－環境の音をサンプリングする

Work　GarageBandのサンプラーで8ビートづくり

音楽制作ソフトウェアに搭載されているサンプラーの機能を使用して，8ビートづくりを目指そう。ここではとくに，環境の音（第6章①参照）について考えを深めていくための道具として，サンプラーの機能がどのように貢献できるのか，考えてみよう。

※次に示すStepでは，GarageBandをiPhoneで操作することを想定した説明を行う。

※筆者は，Apple Distinguished Educator（ADE）である。

Step	参考画面（iPhone14 Pro）
Step.1 1－1. GarageBandを起動すると，参考画面のように表示されるので，右上の「+」をタップし，新しいプロジェクトを立ち上げる（はじめてGarageBandを起動した場合には，「続ける」をタップしていくと自動的に参考画面下に切り変わる）。 1－2. KEYBOARDの下にある ![icon] の画面部分をタップし，サンプラー画面を立ち上げる。	 
Step.2 2－1. 表示された鍵盤部分を適当に押すと，初期設定では，Bark（犬の鳴き声のような音）が発音される。まずは，異なる鍵盤をタップするとBarkの音高（pitch）が変わることを確認する。 2－2. 右上の ![icon] をタップする。	　サンプラー画面へ
Step.3 3－1. 音を録音する前に，声や手拍子，ペンで机を叩くなど，何か音を探し決める。音を決めたら，画面左側にある丸の録音ボタンを押し，音を鳴らす。 3－2. 波形が表示されたことを確認し，もう一度録音ボタン（このときは四角）を押すと録音が終わる。 3－3. 録音した音は自動的に音階化されるので，試しに鍵盤部分を触って音を出してみる（※その際，	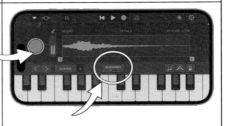 この部分をタップすることで，

初期設定では鍵盤操作方法がGLISSANDOになっているので，右の参考画面に沿ってSCROLLに変更すると，ほかの音域をタップしやすくなる）。	GLLISSANDO→SCROLL→PICTHの順番に切り替わり，鍵盤部分の操作ニュアンスが変化する。長い音を操作する場合にはPICTHにして，指を滑らせるようにタップ（スワイプ）するのもおもしろい。
Step.4 4－1．Step.3で録音した音は自動的に保存されていくので，身の回りの音に耳をすましながら音を録音していく。例えば，ドアを閉める音，椅子を倒す音，響く部屋で「わっ」と声を出すなど，できるだけ異なる音色をサンプリングしていく。 4－2．これまでに録音した音は画面左上の▼を押し，「My Sample○」をタップすると一覧で確認・読み出しができる。右の画像を参考にしながら素材を選択し，「完了」をタップして元の画面に戻る。	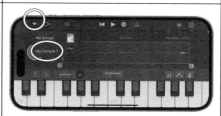 
Step.5 5－1．音を録音したあとに，使いたい部分の範囲を指定することで，その部分のみ発音されるように音をつくることができる（トリミング）。▶と◀のボタンをスワイプして操作し，鍵盤を触って確かめながら決定する（▶と◀は長押しすると拡大できる）。 5－2．これまでにサンプリングした音のなかから， 　① 低い太鼓の役割の音：バスドラ 　② 小太鼓の役割の音：スネア 　③ 時計の針のように高い音：ハイハット 　上記3種類を決定する。	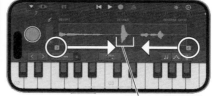 使いたい波形部分 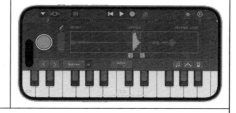

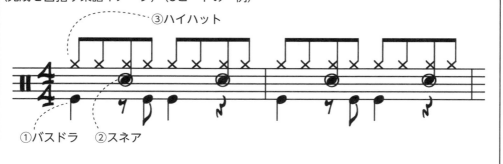

〈完成を目指す楽譜イメージ〉（8ビートの一例）

①バスドラ　②スネア　③ハイハット

① 環境の音とICT－環境の音をサンプリングする

Step.6
6−1. まず①バスドラの音を録音する。右の参考画面の●録音をタップすると，カウントがはじまるので，楽譜を参考にしながら鍵盤を操作し録音する。
6−2. 成功するまで★1小節目に戻ると●録音を操作して繰り返す。成功したらトラックボタンを押す。

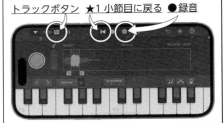

Step.7
7−1. 録音できているか確認したら，画面左下の ＋ を押し，改めてサンプラーを選び，新しいトラックを立ち上げる。
7−2. 最初はまたBark（犬の鳴き声のような音）が発音されるので，4−2を参考にしながら，②スネアの音を担当する「My Sample○」を選択する。
7−3. 音が変わったことを確認したら，楽譜を参考にしながら，6−1，6−2と同様の手続きを行う。
7−4. トラックボタンを押し，右の画像のような状況を確認したら，＋ を押し，またサンプラーを選ぶ（3つめのトラックが立ち上がる）。

Step.8
8−1. 今度は，7−2を参考にしながら③のハイハットの音を読みだし，7−3と同様の手続きを行う。
8−2. 成功すれば，右の画像のようになる。
8−3. この状態では，1〜2小節目しか音が存在していないため，3〜8小節目が無音になってしまう。そこで，画面の右上の小さい ＋ をタップし，〈8小節〉となっている部分を〈2小節〉に変更する。
8−4. そのうえで再生ボタンを押すと，2小節の8ビートが自動的に繰り返されるようになる。

Step.9
画面上部の FX をタップすると，さながらDJのように，再生中の音にエフェクトをかける画面が表示されるので，再生しながら指で感覚的に操作する（FilterとRepeaterはタップするとほかのエフェクトに変更可）。

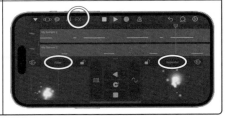

身の回りの環境の音を素材とした8ビートづくりは無事に完成できただろうか。最後に，次のことについて改めて考えて，この活動を振り返りたい。
① 楽器だけではなく，環境の音にも音の高さや音の長さが存在していること。

② この方法でつくった8ビートは，世界にひとつしか存在しない音の作品であること。

③ 何も意識していないときの聴き方，1分間耳をすましているときの聴き方，今回のWorkのように，音楽をつくる素材を探すときの聴き方は，それぞれどのように変わったのか。

上記項目については，次のように考えることができる。

①についてわれわれは，「音楽」といえば，歌や楽器で構成されている作品をまずは考えるかもしれない。しかし，今回のWorkのように，アプリを使いながら身の回りの音を録音すれば，音楽を構成するための楽器のように身の回りの音を素材として扱うことが可能となる。アプリの操作を通じて，身の回りの音にも，音の高さや音の長さが存在することを体感できたのではないだろうか。

②について今回のWorkでは，さまざまな身の回りの音の中から自分が選んだ音を録音し，音の高さや演奏方法を自ら選択している。その意味で，この8ビートは世界唯一の音色の作品であるといえる。さらには他者にいつでもどこでも聴かせることのできるデータとして持ち歩くことも，送信して誰かと共有することも可能であることから，「自分の音楽を届ける」という指向性が拡張されているということができる。

③について第6章でも示したように，われわれの身の回りには多様な音があふれている。今回のWorkでは「録音する」という前提で耳をすましていたことから，身近な音を再発見したり，知っていたはずの音が意外と長い音であることに気づいたり，なかなかねらった音が録音できなかったりなど，音に対するかかわり方が変化することを感じられたのではないだろうか。

Step up ▶ ビートのない音楽をつくる

ビートのない音楽をつくることはできるだろうか。今度は，どのようなアプリケーションをつかっても構わないので，身近な音を録音したあと，自由にその配置を変えたり，音を重ねてみたり，友だちと相談・協力しながら，音響作品をつくることに挑戦してみてほしい。

音を録音し，その音を音楽制作の素材として扱うことは，ICTの発達によって格段に容易になった。そのことは，音楽を構成することに挑戦しやすくなったことを意味しており，いわば感覚的に音楽をつくることへの敷居が低下したことによって，個人

① 環境の音とICT－環境の音をサンプリングする　103

のアイデアを引き出して試行錯誤することや，具現化することが簡単にできるように
なった。

　一方，ICTを活用するうえでの留意点や課題も多く存在する。例えば，アクセシビ
リティ[2] については充分に留意されるべきである。ICTを使用する者全員が同じ操作
技術を有しているとは限らないこと，そこに存在しているICT端末の種類や制限，学
習者が間違えて違うアプリを開かないようにする配慮などは想定しておかなければな
らない。

　しかし，音楽関連のアプリに備わる独特で多様な機能は，子どもや学生・保育者が
自分に合った方法で音・音楽に向き合うことに新たな可能性が拓かれているといえる。
小学校以上の学校教育でICTを活用した実践が少しずつ積み重ねられてきたように，
保育現場においてもICTを活用することの有用性について，慎重な議論と実践を重ね
ていくことがこれから先，求められている。✿

2）使いやすいとだれもが感じるための配慮や工夫。

2 探究と表現のための装置

　今やスマートフォンをはじめ，ICTは私たちの生活環境に溶け込んでいる。ICTも木や粘土，紙などと同様に，子どもにとっての日常的な環境のひとつである。一方で，ICTが扱うデジタルな要素は，アナログ環境とは異なる性質をもつことも忘れてはならない。デジタルは，言葉や映像といった抽象的な概念によって構築されたものであり，そのような環境下での遊び／学びは直接体験を伴わないことが多い。環境との直接的なかかわりが重要とされる保育・幼児教育では，ICTやデジタルとのかかわりにおいて，その使い方に十分留意する必要がある。

　ここでは，新旧さまざまなテクノロジーを，現実世界での探究や表現のための装置として捉え，子どもの遊びと関連づけた使用方法について紹介する。

1 ■ 人工的な光で遊ぶ

　光の明るさや色によって身の回りのものの見え方は大きく変わる。現在では，さまざまなLED技術があり，それらを使うことで容易に光をコントロールすることができる。以下では人工的な光を扱う装置やそこでの遊びについて紹介する。

（1）ライトテーブル

　ライトテーブルは，天板が光ることで，その上に置いたものを明るく照らしたり，透かしたりすることができる。簡易的なものであれば，半透明の衣装ケースの中にLEDテープライトを入れて自作することもできる。ライトテーブルでの遊びは普段見ているものを違った姿で見ることができる点で子どもの感性を刺激する。

写真8-2-1 ●光のマーブリング

　ライトテーブルの活動例を次にあげる。
① 　カラーセロハンをはじめ透明素材で遊ぶ。
② 　透明インクで着色したスライムを広げる。
③ 　透明なトレーでマーブリングをする。

写真8-2-2 ●光と影の砂絵遊び

④ 砂絵をする。
⑤ 葉の観察をする。

　光の透過によるものの見え方や，砂絵のようなシルエットの形に着目した遊びだけでなく，観察や鑑賞のための装置としても使用することができる。

（2）LED豆電球とボタン型電池

　LED豆電球とボタン型電池[3]だけで簡単な光の色遊びを体験できる。

写真8-2-3 ●LED豆電球と電池

　LED豆電球の色は，光の三原色（赤，緑，青）を用意する。写真8-2-3のように，LED豆電球の脚で電池を挟むとライトが光る。紙コップに複数色のLED豆電球を入れると，中で光の色が混色し，新しい色が生まれる（加法混色）。以下，5歳児を対象とした「ひかりのいろ遊び」の事例を紹介する。

事例　ひかりのいろ遊び（年長児）

〈光るマラカス〉A児たちは，複数色のLEDを入れた紙コップにもう一つの紙コップで蓋をした。それを振るとシャカシャカとマラカスのような音が鳴り，中のLEDが動いてピカピカと色が変わっていった。

〈どこまで高くできるかな〉B児は，光るマラカスを縦に積み上げはじめる。倒れないように慎重に積み上げるとカラフルな光のタワーが完成した。

〈発表会の舞台照明〉C児は，LEDを入れた紙コップを懐中電灯のようにして周囲を照らそうとしはじめた。壁際に並べると発表会の舞台照明のようになる。近くにいたD児も興味を示し，一緒に動かしながら壁を照らして光の演出効果を楽しんでいた。

〈ライトを振ってみると……〉E児とF児はLEDをそのまま振ってみた。すると，空中に光の線が残像として残って見えることに気づいた。E児が「流れ星みたい！」と言う。

3）ボタン型電池の使用については，口や鼻に入れないよう十分な注意が必要である。

写真8-2-4 ● 光るマラカス

写真8-2-5 ● どこまで高くできるかな

写真8-2-6 ● 発表会の舞台照明

写真8-2-7 ● ライトを振ってみると……

　光の色の混色は，絵具やクレヨンなどの混色（減法混色）とはルールが異なる[4]。人工の光を使うことで，光や色の探究と表現の活動を拡張することができるだろう。

Work 1　光と影の見立て遊び

2人組で，スマートフォンのライトを使った影絵遊びをしよう。

方法

① 一枚の敷いた紙の上に別のくしゃくしゃにした紙を置いて，光を当てる。
② ライトの位置や角度，距離を変えていろいろな影をつくる。
③ 影から見立てたイメージをもとに，敷いた紙につけ足して絵を描く。ペアの人はできた影絵を写真で記録しよう。

写真8-2-8 ● 光の影がネコになる

---

4) 例えば，赤と緑の光を混ぜると黄色になったり，光の三原色（赤，緑，青）すべてを混ぜると白になったり，加法混色では色を混ぜるほどに明るさが増していく。

2 ■ ティンカリングを誘発する装置

　ティンカリングとは，「現象，道具，素材をいろいろと直接いじくりまわして遊ぶこと」[5]と説明される。試行錯誤の過程を通して，科学的な思考力や問題解決力，創造性などの基盤を培う重要な体験である。一方，小学校で必修となったプログラミング教育では，プログラミング体験を通した思考力の育成が主なねらいとなる[6]。情報活用では，抽象的な思考力が必要だが，その基盤となるのは，素材とかかわり手を動かしながら感じ・考える試行錯誤の経験である。

　ここでは，ICT活用にもつながるティンカリング体験を促す装置を紹介する。

（1）ビー玉スロープ

　身近なものを並べてビー玉転がしのコースをつくる遊びでは，重力，運動量など物理学の不思議を体験的に学ぶことができる。何度も調整を繰り返してビー玉が最後まで転がるようにすることで，手を動かしながら論理的思考力を働かせることにもつながる。一方で，コースには直接関係ないところでの構成遊びや，素材の質感や音などを楽しみながら「ビー玉の冒険」などの物語世界を投影した遊びに発展することもある。有孔ボードでコースの土台をつくることで，よりティンカリングしやすい環境として活かすことができる。

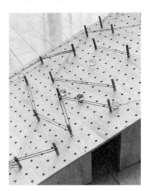

写真8-2-9 ● ビー玉スロープ（有孔ボードに丸棒と輪ゴム）

（2）ウインド・チューブ

　市販のサーキュレーター（扇風機）に透明のアセテートシート[7]を丸めて筒状にしたものを取りつけた装置。筒の中にいろいろな素材でつくったものを浮き上がらせてみることで，目に見えない風の力について知ることができる。また，素材には浮きやすいものと浮きにくいものがある。この装置の中で浮き続けられるようにするためには，素材の組み合わせや形をバランスよく調整する必要がある。

写真8-2-10 ● ウインド・チューブ

5）Wilkinson, K. & Petrich, M., 金井哲夫訳『ティンカリングをはじめよう―アート，サイエンス，テクノロジーの交差点で作って遊ぶ』オライリージャパン，2015，p.13.
6）文部科学省『小学校プログラミング教育の手引き（第三版）』https://www.mext.go.jp/content/20200218-mxt_jogai02-100003171_002.pdf,2020
7）アセテートシートは透明でやわらかく薄いシート状の素材である。医療用フェイスシールドの素材としても使用されている。

浮きやすい素材は，軽い素材で風を受けとめる構造があるもの（例：ビニール袋，スポンジ，排水口ストッキング，綿など），浮きにくい素材は，重い素材や風を受けとめる構造がないもの（例：クリップ，ビーズ，針金，木，石など）がある。
　ただし，浮きにくい素材も組み合わせによっては浮くための要素となる。材料の使い方は工夫次第でさまざまである。

3 ■ カメラを使った遊び

　カメラは，人の視覚と記憶が拡張された道具である。カメラを使うと，写真や動画でその人が見ている世界をほかの人と共有することができる。いつもの生活環境を，違った視点で見つめるきっかけになるだろう。子どもが，カメラを使ってどのような世界を見つめているかということに着目したい。
　また，マイクロスコープを使うと，肉眼では見えない小さなものを拡大して見ることができる。タブレットやスマートフォンのレンズに装着して使うタイプのものもある。何気ない砂粒がキラキラ光る宝石のように見えたり，服の繊維の規則的で美しい模様に驚かされたりと，子どもはいつもと違うミクロの世界へと導かれていく。🍀

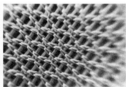

写真8-2-11 ● 植物だけでなく繊維や金属なども拡大してみるとおもしろい世界が広がっている

Work 2　ここにいるよちゃん

　3つの点が逆三角形の位置で並んでいると，人はそれを顔と認識することがある。スマートフォンのカメラ機能を使い，この現象を利用した遊びを体験してみよう。

方法

① 身の回りにあるいろいろな顔「いるよちゃん」を探す。
② 見つけた「いるよちゃん」の写真を撮る。
③ 撮影した「いるよちゃん」をほかの人と共有する。
④ 話し合いながら「いるよちゃん」の物語を考える。
⑤ 考えた「いるよちゃん」の物語を発表する。

写真8-2-12 ● 身の回りにある「いるよちゃん」

参考文献 ···

第2章　子どもの素朴な表現との出会い ―発達のプロセス

Swanwick, K. & Tillman, J., 坪能由紀子訳「音楽的発達の系統性―子どもの作品研究1，2，3」
『季刊音楽教育研究』第32巻第4号，1989．第33巻第1号，第2号，1990

Swanwick, K., 野波健彦・石井信生・吉富功修・竹井成美・長島真人訳『音楽と心と教育―新し
い音楽教育の理論的指標』音楽之友社，1992

第6章　自分との応答 ―自分自身の表現を感じる・みる・聴く・楽しむ

鳥越けい子『サウンドスケープ―その思想と実践』鹿島出版会，1997

R.マリー・シェーファー，鳥越けい子・小川博司・庄野泰子・田中直子・若尾裕訳『世界の調律
―サウンドスケープとはなにか』平凡社，1986

R.マリー・シェーファー，鳥越けい子・若尾裕・今田匡彦訳『サウンド・エデュケーション』春
秋社，1992

R.マリー・シェーファー，今田匡彦『音さがしの本―リトル・サウンド・エデュケーション』春秋
社，1996

第7章　文化との出会い ―児童文化財，伝承遊び，行事にみる表現

松居直『絵本とは何か』日本エディタースクール出版部，1973

山梨県立図書館編「ストーリーテリング―実践のコツ」山梨県立図書館，2016

厚生労働省「保育所保育指針」2018

『最新 保育士養成講座』総括編纂委員会編『最新 保育士養成講座 第9巻 保育専門職と保育実
践―保育実習／保育内容の理解と実践』全国社会福祉協議会出版部，2019

写真協力 ···

東京都渋谷区立千駄谷幼稚園（千駄谷なかよし園）：写真1-2-3，1-2-4

東京都世田谷区中町保育園：写真2-3-1〜2-3-6，2-3-8，2-3-9

群馬県伊勢崎市リトルガーデンしいのみ：写真4-2-2〜4-2-5，4-2-8〜4-2-11，8-2-1〜8-2-
2，8-2-4〜8-2-7，8-2-11，表紙

東京都大田区大森みのり幼稚園：写真5-2-2，6-2-1〜6-2-3，6-2-14，表紙

神奈川県横浜市鶴見大学短期大学部附属三松幼稚園：写真5-2-1，5-2-6，6-2-4，6-2-5，6-2-
12，6-2-14

東京都中野区大和東もみじの森保育園：写真5-2-3〜5-2-5，6-2-6〜6-2-11，6-2-13

東京都足立区北千住もみじの森保育園：写真5-2-7〜5-2-15

神奈川県横浜市学校法人亀井学園寺尾幼稚園：写真7-3-1

索引

アルファベット

ICT 34, 98, 105, 108

あ行

アフォーダンス 84, 85
アプリケーション 99
イメージ 30, 53, 54, 55, 56, 107
色 30
絵本 95
応答性 2
オノマトペ 16, 73
おもしろ表現カード 17, 73
折り紙 97
音楽の仕組み 40, 58, 59, 84, 85
音楽表現 1

か行

回転 24
可塑性 25
形 30
紙芝居 95
環境構成 8
記号的表現 15, 71
季節 97
行事 97
協働的な遊び 63
空間定位 43
群像 72
経験 7, 9
行為 53, 55
行為性 53
五音音階 41, 42, 58, 60, 84, 85
子どもへの配慮 96
コピー人間 70

さ行

サウンドウォーク 76
サウンド・エデュケーション 38, 75
サウンドスケープ 75
サウンドマップ 76
錯画期 23
視覚型 25
児童文化 87
児童文化財 87
支配 18, 19
触覚型 25
身体空間知覚 43
身体表現 1
振幅 24
スクリブル期 23
スワンウィック 18
前図式期 24
造形 53
造形表現 1
想像的な遊び 19, 20
創造的な音楽活動 38, 39, 58, 84
即興劇遊び 88
即興表現遊び 45
即興リズム遊び 45

た行

体験 7, 9
叩きつけ 24
だるまさんの一日 45
手遊び 95
定型表現 15
ティルマン 18
ティンカリング 108
テクノロジー 105
伝承遊び 92
頭足人 25

索引 | 111

な行

人形劇 ···················· 88
粘土 ······················ 25

は行

ハイタッチ・ロータッチ ······· 70
発達段階 ·················· 23
発達の螺旋状モデル ········· 20
ピアジェ ··················· 19
描画 ······················ 8
フロイト ··················· 92
プログラミング ·············· 108
文化 ······················ 97
ペアで全身ジャンケン ········ 69
ペーパーパペットプレイ ········ 88, 89
壁面づくり ················· 82

ま行

マスタリー ················· 18, 19
真似っこ遊び ·············· 43, 46, 71
マリー・シェーファー ········· 75
見立て ················ 53, 54, 55, 56, 107
みんながする体験や経験 ······ 11
みんなと体験や経験する表現活動 ··· 10
迷走 ······················ 24
模倣 ······················ 19, 20
模倣遊び ·················· 16

ら行

領域に関する専門的事項 ·········· 1
ローウェンフェルド ············ 25

子どもと表現　―応答性豊かな保育者になるために―

編　者

島田由紀子　國學院大學教授
駒久美子　千葉大学准教授

執筆者　（執筆順）

駒久美子　前掲 ································· 序章，第1章①，第7章①
島田由紀子　前掲 ····························· 第1章②③，第3章①，第7章③
小笠原大輔　湘北短期大学准教授 ························ 第2章①，第3章④，第5章③
山辺未希　横浜国立大学助教 ·························· 第2章②，第4章①
大塚習平　東京都市大学教授 ························· 第2章③，第3章②，第7章②
中村昭彦　淑徳大学准教授 ·························· 第3章③，第5章①，第6章③
井上昌樹　育英短期大学講師 ························ 第4章②，第8章②
馬場千晶　昭和学院短期大学助教 ······················ 第5章②，第6章②
仲条幸一　つくば国際短期大学講師 ····················· 第6章①，第8章①

（2025年2月1日現在）

子どもと表現
応答性豊かな保育者になるために

2025年3月1日　発行

編著者　　島田由紀子・駒久美子
発行者　　荘村明彦
発行所　　中央法規出版株式会社
　　　　　〒110-0016　東京都台東区台東3-29-1　中央法規ビル
　　　　　Tel　03（6387）3196
　　　　　https://www.chuohoki.co.jp/

印刷・製本　　　　株式会社アルキャスト
本文・装丁デザイン　　澤田かおり（トシキ・ファーブル）

定価はカバーに表示してあります。
ISBN978-4-8243-0183-3

本書のコピー、スキャン、デジタル化等の無断複製は、著作権法上での例外を除き禁じられています。また、本書を代行業者等の第三者に依頼してコピー、スキャン、デジタル化することは、たとえ個人や家庭内での利用であっても著作権法違反です。
落丁本・乱丁本はお取り替えいたします。

本書の内容に関するご質問については、下記URLから「お問い合わせフォーム」にご入力いただきますようお願いいたします。
https://www.chuohoki.co.jp/contact/

A183